Bryn Mawr Greek Commentaries

Chariton
Callirhoe

Book 1

Cashman Kerr Prince

D1616090

Thomas Library
Bryn Mawr College
Bryn Mawr, Pennsylvania

INTRODUCTION

All that we can say with certainty about Chariton is that he came from Aphrodisias (in Asia Minor, modern-day Turkey) and that he worked as a secretary to a *rhetor* named Athenagoras. This much Chariton tells us in the opening sentence of his novel. The rest is largely speculation. When we look for biographical information, we find two inscriptions adduced, although both are of dubious value. First, there is an inscription from Aphrodisias which makes reference to one Chariton, but is it the same man as our author? Near the beginning of this particular inscription we read:

... Ὁ βωμὸς καὶ ἡ coρόc ἐcτιν Οὐλπίου Κλ[αυδ]ί[ου]
Χαρίτωνοc ἰατροῦ· ...

... The altar and the urn are of Ulpius Claudius Chariton the doctor: ...

(Corpus Inscriptionum Graecarum vol. 2, n° 2846)

This inscription makes reference to a doctor, but not an author; from the use of the name *Ulpius*, we can date this inscription to the reign of Trajan (98 – 117) or later. The most we can say is that this inscription attests to the use of the name Chariton in Aphrodisias—perhaps as a later testament or memorial to the earlier famous citizen of the city. We can adduce a passing reference to a Chariton in the ancient literature, seemingly the Chariton author of our novel, as in these words drawn from Letter 66 (considered to be a fictional letter) of Flavius Philostratus:

Χαρίτωνι. Μεμνήcεcθαι τῶν cῶν λόγων οἴει τοὺc
Ἕλληναc, ἐπειδὰν τελευτήcῃc· οἱ δὲ μηδὲν ὄντεc
ὁπότε εἰcίν, τίνεc ἂν εἶεν, ὁπότε οὐκ εἰcίν;

To Chariton. Do you think the Greeks will remember your words once you've died? Men [writers] being nothing whenever they are [alive], what would they be whenever they are no more?

This wittily brief letter which self-consciously plays with a few words in order to cast aspersions on the words of Chariton, tells us that Philostratus considered the writings of Chariton to be inconsequential and trifling (and that they were widely enough known in Philostratus's day that he could, or felt the need to, rebuke Chariton's literary work in this letter). But at the end of the day, this is not a lot of information, and questions remain about whether these texts refer to the same Chariton as our author. So we fall back on the bare facts presented by the text itself.

We have no clear sense of when Chariton lived or when this narrative was written. The first, modern, printed edition (the *editio princeps*) dates to 1750, some two hundred fifty years after the golden age of *editiones principes* of Greek and Latin texts. Because of stylistic differences between Chariton's text and that of other ancient Greek novels (such as Heliodorus's *Æthiopica*, Longus's *Daphnis and Chloe*, or Achilles Tatius's *Leucippe and Clitophon*), Chariton's text has been dated as late as the sixth century CE; modern scholars argue for a much earlier date, based on style and language (a pure, literary *koine* — similar to the language of the Greek New Testament — unmarked by a return to Classical Attic usages as we see in Second Sophistic, or 60 – 230 CE, authors). Scholars differ on Chariton's exact dates; Goold argues for the period 25 BCE – 50 CE, while Bowie (writing in the third revised edition of the Oxford Classical Dictionary) repeats the less precise, thus more widely accepted, dates of sometime between the first century BCE and the first century CE. Besides the use of the Greek language, various allusions by other authors (such as the letter of Flavius Philostratus, quoted above) help establish the lifetime of Chariton. Flavius Philostratus, writing in the 2nd – 3rd centuries CE, is not our earliest allusion to Chariton; we find two notices from the first century CE, specifically the time of Nero (54 – 68 CE). The Roman satirist Persius seemingly alludes to our Chariton when he writes: *his ... post prandia Calliroen do*, To them I give *Callirhoe* after lunch (*Satires* 1.134). Chariton's novel seems to stand in for all of light literature. Similarly, although more a matter of interpretation, Goold finds the origin of the rumor that the emperor Nero kicked his wife Poppaea Sabina to her death in Chaireas's kicking Callirhoe. If the identification is correct, we can safely date Chariton to sometime before the death of Poppaea. This, then, gives some indication of the date of Chariton's *Callirhoe* and how we establish it; barring new evidence, we may never obtain more precise information about our author than these meager, and hard-won, facts. Conventional ancient Greek practice dictated that one give first name and patronymic (or, father's name) when identifying oneself. Chariton does not. Like Herodotus and also Thucydides, the historians who wrote some four to five centuries before him, Chariton identifies himself by his location (Χαρίτων ᾿Αφροδιcιεύc, *Chariton the Aphrodisian*)—Aphrodisias being a city in Anatolia (modern Asia Minor) lying in the Maeander River basin some 80 to 100 miles inland. After announcing himself and his theme in the first person, Chariton launches into the tale of Callirhoe; the novel itself is narrated by this omniscent narrator. We are again reminded of this omnisicient narrator in the last sentence of the novel: τοcάδε περὶ Καλλιρόης cυνέγραψα, *I wrote such things about Callirhoe* (8.8). Between the opening and closing sentences, we are caught up in a tale full of plot twists worthy of a modern-day soap opera.

Callirhoe is presented as the daughter of Hermocrates, the Syracusan general who famously defeated the Athenians in 413 BCE during the doldrums of the Peloponnesian War. Chariton presents a seamless blend of history and fiction. We can see here a nod to the novelty of Chariton's undertaking: this may be the earliest extant ancient novel, so Chariton is self-consciously breaking new ground in his writing. Like the histories of Herodotus or Thucydides, Chariton's new genre is a prose-narrative which chronicles events in due order. The events narrated, however, are imaginative fiction rather than historical fact; but by the time a reader begins to suspect as much, Chariton's narrative has taken over and we find ourselves caught up in a story of love, slavery, piracy, accidental death, resuscitation.... and all this in only the first of the work's eight books! We may find such literature lowbrow today, but it was once popular enough to be copied by hand onto papyrus scrolls, and widely enough read that the work survives to this day. Unlike many of the classics of ancient literature, we have no evidence Chariton's novel was ever assigned as a school-text;

some reading survives without the designation "required," in the ancient world as today.

Finally, a note about the form or genre of this work; in this introduction I have used the terms "novel" and "romance" interchangeably—much like the scholarship on ancient Greek novels (or romances). Today, prose novels abound; in the ancient world prose was initially the means to convey historical or factual information. Using prose to tell a fabulous story came later; modern novels of character growth and development (which scholars refer to by the German name *Bildungsroman*) came later still. In Chariton, as in other ancient romances (or, novels) the story is filled with action and usually centers around the trials and vicissitudes of a romantic couple; to our modern sensibilities these ancient romances may seem more like Harlequin-style romances than what we consider to be novels. But when these ancient works were written, the readership was wider than that analogy implies. The polished literary language, wealth of allusions to earlier literature, and use of rhetorical techniques all attest to the literary ambitions of the author and the appeal to educated readers. The fast-paced action of the narrative, together with the romantic interest of Chaireas and Callirhoe, served as a form of entertainment in the ancient world (not unlike many Hollywood films today) and could be characterized by the Greek adjective cπουδογέλοιος ("seriously playful"). I encourage you to approach Chariton's text similarly.

Further Reading

Goold, G. P., editor and translator. *Chariton, Callirhoe.* Loeb Classical Library. Cambridge, Massachusetts: Harvard University Press, 1995.

Hägg, Tomas. *The Novel in Antiquity.* Oxford, England: Blackwell, 1983.

Holzberg, Niklas. *The Ancient Novel: An Introduction.* New York, New York: Routledge, 1995.

Reardon, B. P., editor and translator. *The Ancient Greek Novels.* Berkeley, California: University of California Press, 1989.

Reardon, B. P. "Chariton" in G. Schmeling, ed., *The Novel in the Ancient World*. Revised edition. Leiden, The Netherlands: E. J. Brill, 2003. Pages 309 - 35.

Schmeling, Gareth L. *Chariton*. New York, New York: Twayne Publishers, Inc., 1974.

Tatum, James, ed. *The Search for the Ancient Novel*. Baltimore, Maryland: The Johns Hopkins University Press, 1994.

A Note on the Text

I have followed Reardon's 2004 Teubner edition of Chariton in establishing this Greek text. Where Reardon admits impediments in the text, at times I have chosen to follow Goold's 1995 Loeb edition. Reardon's text, as befits a Teubner edition, is more conservative; Goold's text, as befits a Loeb edition, aims at greater readability. I have tried to maintain a balance between these two texts.

A Note on Lunate Sigmas

In the following text I have used lunate sigmas (c) throughout, instead of medial and final sigmas. The lunate sigma dates from the late 4th or early 3rd century BCE and represents a "cursive," or more rounded form common with an increase in ink-based writing. Given the date of Chariton's text, the lunate sigma is historically appropriate. Pedagogically, the lunate sigma may well present some initial challenges to readers of ancient Greek, but it is a letter-form best met early and found with increasing frequency in printed texts (such as more recent Oxford Classical Text editions).

Editorial Conventions

[ ] mark editorial deletions from the manuscript tradition
⟨ ⟩ mark editorial emendations to the manuscript tradition
... marks illegible gaps in the manuscripts

Section numbers below are in **bold**, line numbers in *italics*.

ΧΑΡΙΤΩΝΟC ΑΦΡΟΔΙCΙΕΩC
ΤΑ ΠΕΡΙ ΚΑΛΛΙΡΟΗΝ ΕΡΩΤΙΚΑ ΔΙΗΓΗΜΑΤΑ
ΒΙΒΛΙΟΝ Α

1 Χαρίτων Ἀφροδιcιεύς, Ἀθηναγόρου τοῦ
ῥήτορος ὑπογραφεύς, πάθος ἐρωτικὸν ἐν
Cυρακούcαιc γενόμενον διηγήcομαι.
Ἑρμοκράτηc ὁ Cυρακοcίων cτρατηγόc, οὗτοc
5 ὁ νικήcαc Ἀθηναίουc, εἶχε θυγατέρα
Καλλιρόην τοὔνομα, θαυμαcτόν τι χρῆμα
παρθένου καὶ ἄγαλμα τῆc ὅληc Cικελίαc. ἦν
γὰρ τὸ κάλλοc οὐκ ἀνθρώπινον ἀλλὰ θεῖον,
οὐδὲ Νηρηΐδοc ἢ Νύμφηc τῶν ὀρειῶν ἀλλ' αὐτῆc
10 Ἀφροδίτηc [παρθένου]. φήμη δὲ τοῦ παραδόξου
θεάματοc πανταχοῦ διέτρεχε καὶ μνηcτῆρεc
κατέρρεον εἰc Cυρακούcαc, δυνάcται τε καὶ
παῖδεc τυράννων, οὐκ ἐκ Cικελίαc μόνον, ἀλλὰ
καὶ ἐξ Ἰταλίαc καὶ ἠπείρου καὶ ἐθνῶν τῶν ἐν
15 ἠπείρῳ. ὁ δὲ Ἔρωc ζεῦγοc ἴδιον ἠθέληcε
cυλλέξαι. Χαιρέαc γάρ τιc ἦν μειράκιον
εὔμορφον, πάντων ὑπερέχον, οἷον Ἀχιλλέα καὶ
Νιρέα καὶ Ἱππόλυτον καὶ Ἀλκιβιάδην πλάcται
καὶ γραφεῖc ⟨ἀπο⟩δεικνύουcι, πατρὸc
20 Ἀρίcτωνοc τὰ δεύτερα ἐν Cυρακούcαιc μετὰ
Ἑρμοκράτην φερομένου. καί̣ τιc ἦν ἐν αὐτοῖc
πολιτικὸc φθόνοc ὥcτε θᾶττον ἂν πᾶcιν ἢ
ἀλλήλοιc ἐκήδευcαν. φιλόνικοc δέ ἐcτιν ὁ Ἔρωc
καὶ χαίρει τοῖc παραδόξοιc κατορθώμαcιν·
25 ἐζήτηcε δὲ τοιόνδε τὸν καιρόν.
Ἀφροδίτηc ἑορτὴ δημοτελήc, καὶ πᾶcαι
cχεδὸν αἱ γυναῖκεc ἀπῆλθον εἰc τὸν νεών. τέωc
δὲ μὴ προϊοῦcαν τὴν Καλλιρόην προήγαγεν ἡ
μήτηρ, ⟨Ἔρωτοc⟩ κελεύcαντοc προcκυνῆcαι τὴν

30 θεόν. τότε δὲ Χαιρέας ἀπὸ τῶν γυμνασίων
ἐβάδιζεν οἴκαδε στίλβων ὥσπερ ἀστήρ· ἐπήνθει
γὰρ αὐτοῦ τῷ λαμπρῷ τοῦ προσώπου τὸ ἐρύθημα
τῆς παλαίστρας ὥσπερ ἀργύρῳ χρυσός. ἐκ τύχης
οὖν περί τινα καμπὴν στενοτέραν συναντῶντες
35 περιέπεσον ἀλλήλοις, τοῦ θεοῦ πολιτευσαμένου
τήνδε τὴν ⟨συνοδίαν⟩ ἵνα ἑκά⟨τερος τῷ ἑτέρῳ⟩
ὀφθῇ. ταχέως οὖν πάθος ἐρωτικὸν ἀντέδωκαν
ἀλλήλοις ...... τοῦ κάλλους ⟨...⟩γενει
συνελθόντος.
40 Ὁ μὲν οὖν Χαιρέας οἴκαδε μετὰ τοῦ
τραύματος μόλις ἀπήει, καὶ ὥσπερ τις
⟨ἀρισ⟩τεὺς ἐν πολέμῳ τρωθεὶς καιρίαν, καὶ
καταπεσεῖν μὲν αἰδούμενος, στῆναι δὲ μὴ
δυνάμενος. ἡ δὲ παρθένος τῆς Ἀφροδίτης τοῖς
45 ποσὶ προσέπεσε καὶ καταφιλοῦσα, "σύ μοι,
δέσποινα" εἶπε, "δὸς ἄνδρα τοῦτον ὃν ἔδειξας."
νὺξ ἐπῆλθεν ἀμφοτέροις δεινή· τὸ γὰρ πῦρ
ἐξεκάετο. δεινότερον ⟨δ'⟩ ἔπασχεν ἡ παρθένος
διὰ τὴν σιωπήν, αἰδουμένη κατάφωρος γενέσθαι.
50 Χαιρέας δὲ νεανίας εὐφυὴς καὶ μεγαλόφρων,
ἤδη τοῦ σώματος αὐτῷ φθίνοντος, ἀπετόλμησεν
εἰπεῖν πρὸς τοὺς γονεῖς ὅτι ἐρᾷ καὶ οὐ βιώσεται
τοῦ Καλλιρόης γάμου μὴ τυχών. ἐστέναξεν ὁ
πατὴρ ἀκούσας καὶ "οἴχῃ δή μοι, τέκνον" ⟨ἔφη⟩·
55 "δῆλον γάρ ἐστιν ὅτι Ἑρμοκράτης οὐκ ἂν δοίη
σοὶ τὴν θυγατέρα τοσούτους ἔχων μνηστῆρας
πλουσίους καὶ βασιλεῖς. οὔκουν οὐδὲ πειρᾶσθαί
σε δεῖ, μὴ φανερῶς ὑβρισθῶμεν." εἶθ' ὁ μὲν
πατὴρ παρεμυθεῖτο τὸν παῖδα, τῷ δὲ ηὔξετο τὸ
60 κακὸν ὥστε μηδὲ ἐπὶ τὰς συνήθεις προϊέναι
διατριβάς. ἐπόθει δὲ τὸ γυμνάσιον Χαιρέαν καὶ

ὥσπερ ἔρημον ἦν. ἐφίλει γὰρ αὐτὸν ἡ νεολαία.
πολυπραγμονοῦντες δὲ τὴν αἰτίαν ἔμαθον τῆς
νόσου, καὶ ἔλεος πάντας εἰςήει μειρακίου
65 καλοῦ κινδυνεύοντος ἀπολέςθαι διὰ πάθος
ψυχῆς εὐφυοῦς.
Ἐνέςτη νόμιμος ἐκκληςία. συγκαθεςθεὶς οὖν
ὁ δῆμος τοῦτο πρῶτον καὶ μόνον ἐβόα "καλὸς
Ἑρμοκράτης, μέγας στρατηγός, cῶζε Χαιρέαν·
70 τοῦτο πρῶτον τῶν τροπαίων. ἡ πόλις
μνηστεύεται τοὺς γάμους ςήμερον ἀλλήλων
ἀξίοι." τίς ἂν ἑρμηνεύςειε τὴν ἐκκληςίαν
ἐκείνην, ἧς ὁ Ἔρως ἦν δημαγωγός; ἀνὴρ δὲ
φιλόπατρις Ἑρμοκράτης ἀντειπεῖν οὐκ
75 ἡδυνήθη τῇ πόλει δεομένῃ. κατανεύςαντος δὲ
αὐτοῦ πᾶς ὁ δῆμος ἐξεπήδηςε τοῦ θεάτρου, καὶ
οἱ μὲν νέοι ἀπῄεςαν ἐπὶ Χαιρέαν, ἡ βουλὴ δὲ
καὶ οἱ ἄρχοντες ἡκολούθουν Ἑρμοκράτει·
παρῆςαν δὲ καὶ αἱ γυναῖκες αἱ Cυρακοςίων ἐπὶ
80 τὴν οἰκίαν νυμφαγωγοῦςαι. ὑμέναιος ᾔδετο
κατὰ πᾶςαν τὴν πόλιν· μεςταὶ δὲ αἱ ῥύμαι
στεφάνων, λαμπάδων· ἐρραίνετο τὰ πρόθυρα
οἴνῳ καὶ μύροις. ἥδιον ταύτην τὴν ἡμέραν
ἤγαγον οἱ Cυρακόςιοι τῆς τῶν ἐπινικίων. ἡ δὲ
85 παρθένος οὐδὲν εἰδυῖα τούτων ἔρριπτο ἐπὶ τῆς
κοίτης ἐγκεκαλυμμένη, κλαίουςα καὶ ςιωπῶςα.
προςελθοῦςα δὲ ἡ τροφὸς τῇ κλίνῃ "τέκνον"
εἶπε, "διανίςταςο, πάρεςτι γὰρ ἡ εὐκταιοτάτη
πᾶςιν ἡμῖν ἡμέρα· ἡ πόλις ςε νυμφαγωγεῖ."
90 Τῆς δ' αὐτοῦ λύτο γούνατα καὶ φίλον ἦτορ·
οὐ γὰρ ᾔδει, τίνι γαμεῖται. ἄφωνος εὐθὺς ἦν καὶ
ςκότος αὐτῆς τῶν ὀφθαλμῶν κατεχύθη καὶ
ὀλίγου δεῖν ἐξέπνευςεν· ἐδόκει δὲ τοῦτο τοῖς

— 9 —

όρῶσιν αἰδώς. ἐπεὶ δὲ ταχέως ἐκόςμηςαν αὐτὴν
95 αἱ θεραπαινίδες, τὸ πλῆθος ἐπὶ τῶν θυρῶν
ἀπέλιπον· οἱ δὲ γονεῖς τὸν νυμφίον εἰςήγαγον
πρὸς τὴν παρθένον. ὁ μὲν οὖν Χαιρέας
προςδραμὼν αὐτὴν κατεφίλει, Καλλιρόη δέ,
γνωρίςαςα τὸν ἐρώμενον, ὥςπερ τι λύχνου φῶς
100 ἤδη cβεννύμενον ἐπιχυθέντος ἐλαίου πάλιν
ἀνέλαμψε καὶ μείζων ἐγένετο καὶ κρείττων.
ἐπεὶ δὲ προῆλθεν εἰς τὸ δημόςιον, θάμβος ὅλον
τὸ πλῆθος κατέλαβεν, ὥςπερ Ἀρτέμιδος ἐν
ἐρημίᾳ κυνηγέταις ἐπιςτάςης· πολλοὶ δὲ τῶν
105 παρόντων καὶ προςεκύνηςαν. πάντες δὲ
Καλλιρόην μὲν ἐθαύμαζον, Χαιρέαν δὲ
ἐμακάριζον. τοιοῦτον ὑμνοῦςι ποιηταὶ τὸν
Θέτιδος γάμον ἐν Πηλίῳ γεγονέναι. πλὴν καὶ
ἐνταῦθά τις εὑρέθη βάςκανος δαίμων, ὥςπερ
ἐκεῖ φαςὶ τὴν Ἔριν.

2 Οἱ γὰρ μνηςτῆρες ἀποτυχόντες τοῦ γάμου
λύπην ἐλάμβανον μετ᾽ ὀργῆς. τέως οὖν
μαχόμενοι πρὸς ἀλλήλους ὡμονόηςαν τότε, διὰ
δὲ τὴν ὁμόνοιαν, ὑβρίςθαι δοκοῦντες,
5 cυνῆλθον εἰς βουλευτήριον κοινόν·
ἐςτρατολόγει δὲ αὐτοὺς ἐπὶ τὸν κατὰ Χαιρέου
πόλεμον ὁ Φθόνος. καὶ πρῶτος ἀναςτὰς νεανίας
τις Ἰταλιώτης, υἱὸς τοῦ Ῥηγίνων τυράννου,
τοιαῦτα ἔλεγεν· "εἰ μέν τις ἐξ ἡμῶν ἔγημεν, οὐκ
10 ἂν ὠργίςθην, ὥςπερ ἐν τοῖς γυμνικοῖς ἀγῶςιν
ἕνα δεῖ νικῆςαι τῶν ἀγωνιςαμένων· ἐπεὶ δὲ
παρευδοκίμηςεν ἡμᾶς ὁ μηδὲν ὑπὲρ γάμου
πονήςας, οὐ φέρω τὴν ὕβριν. ἡμεῖς δὲ ἐτάκημεν
αὐλείοις θύραις προςαγρυπνοῦντες καὶ
15 κολακεύοντες τίτθας καὶ θεραπαινίδας καὶ
δῶρα πέμποντες τροφοῖς. πόςον χρόνον

δεδουλεύκαμεν; καί, τὸ πάντων χαλεπώτατον, ὡς
ἀντεραστὰς ἀλλήλους ἐμισήσαμεν. ὁ δὲ πόρνος
καὶ πένης καὶ μηδενὸς κρείττων βασιλέων
20 ἀγωνισαμένων αὐτὸς ἀκονιτὶ τὸν στέφανον
ἤρατο. ἀλλὰ ἀνόνητον αὐτῷ γενέσθω τὸ ἆθλον
καὶ τὸν γάμον θάνατον τῷ νυμφίῳ ποιήσωμεν."
Πάντες οὖν ἐπήνεσαν, μόνος δὲ ὁ
Ἀκραγαντίνων τύραννος ἀντεῖπεν. "οὐκ εὐνοίᾳ
25 δὲ" εἶπε "τῇ πρὸς Χαιρέαν κωλύω τὴν
ἐπιβουλήν, ἀλλὰ ἀσφαλεστέρῳ τῷ λογισμῷ·
μέμνησθε γὰρ ὅτι Ἑρμοκράτης οὐκ ἔστιν
εὐκαταφρόνητος· ὥστε ἀδύνατος ἡμῖν πρὸς
αὐτὸν ἡ ἐκ τοῦ φανεροῦ μάχη, κρείττων δὲ ἡ
30 μετὰ τέχνης· καὶ γὰρ τὰς τυραννίδας πανουργίᾳ
μᾶλλον ἢ βίᾳ κτώμεθα. χειροτονήσατέ μὲ τοῦ
πρὸς Χαιρέαν πολέμου στρατηγόν·
ἐπαγγέλλομαι διαλύσειν τὸν γάμον· ἐφοπλιῶ
γὰρ αὐτῷ Ζηλοτυπίαν, ἥτις σύμμαχον λαβοῦσα
35 τὸν Ἔρωτα μέγα τι κακὸν διαπράξεται·
Καλλιρόη μὲν οὖν εὐσταθὴς καὶ ἄπειρος
κακοήθους ὑποψίας, ὁ δὲ Χαιρέας, οἷα δὴ
γυμνασίοις ἐντραφεὶς καὶ νεωτερικῶν
ἁμαρτημάτων οὐκ ἄπειρος, δύναται ῥαδίως
40 ὑποπτεύσας ἐμπεσεῖν εἰς ἐρωτικὴν ζηλοτυπίαν·
ἔστι δὲ καὶ προσελθεῖν ἐκείνῳ ῥᾷον καὶ
λαλῆσαι."
Πάντες ἔτι λέγοντος αὐτοῦ τὴν γνώμην
ἐπεψηφίσαντο καὶ τὸ ἔργον ἐνεχείρισαν ὡς
45 ἀνδρὶ πᾶν ἱκανῷ μηχανήσασθαι. τοιαύτης οὖν
ἐπινοίας ἐκεῖνος ἤρξατο.
3 Ἑσπέρα μὲν ἦν, ἧκε δὲ ἀγγέλλων τις ὅτι
Ἀρίστων ὁ πατὴρ Χαιρέου πεσὼν ἀπὸ κλίμακος

ἐν ἀγρῷ πάνυ ὀλίγας ἔχει τοῦ ζῆν τὰς ἐλπίδας. ὁ
δὲ Χαιρέας ἀκούσας, καίτοι φιλοπάτωρ ὤν, ὅμως
5 ἐλυπήθη πλέον ὅτι ἔμελλεν ἀπελεύσεςθαι
μόνος· οὐ γὰρ οἷόν τε ἦν ἐξάγειν ἤδη τὴν κόρην.
ἐν δὲ τῇ νυκτὶ ταύτῃ φανερῶς μὲν οὐδεὶς
ἐτόλμησεν ἐπικωμάσαι, κρύφα δὲ καὶ ἀδήλως
ἐπελθόντες σημεῖα κωμασάντων κατέλιπον·
10 ἐστεφάνωσαν τὰ πρόθυρα, μύροις ἔρραναν,
οἴνου πηλὸν ἐποίησαν, δᾷδας ἔρριψαν
ἡμικαύστους.
Διέλαμψεν ἡμέρα, καὶ πᾶς ὁ παριὼν εἱστήκει
κοινῷ τινι πολυπραγμοςύνης πάθει· Χαιρέας δὲ
15 τοῦ πατρὸς αὐτοῦ ῥᾷον ἐσχηκότος ἔσπευδε πρὸς
τὴν γυναῖκα. ἰδὼν δὲ τὸν ὄχλον πρὸ τῶν θυρῶν
τὸ μὲν πρῶτον ἐθαύμασεν· ἐπεὶ δὲ ἔμαθε τὴν
αἰτίαν, ἐνθουσιῶν εἱστρέχει· καταλαβὼν δὲ τὸν
θάλαμον ἔτι κεκλεισμένον, ἤρασσε μετὰ
20 σπουδῆς. ἐπεὶ δὲ ἀνέῳξεν ἡ θεραπαινίς,
ἐπιπεσὼν τῇ Καλλιρόῃ τὴν ὀργὴν μετέβαλεν εἰς
λύπην καὶ περιρρηξάμενος ἔκλαιε.
πυνθανομένης δὲ τί γέγονεν, ἄφωνος ἦν, οὔτε
ἀπιστεῖν οἷς εἶδεν οὔτε πιστεύειν οἷς οὐκ ἤθελε
25 δυνάμενος. ἀπορουμένου δὲ αὐτοῦ καὶ
τρέμοντος ἡ γυνὴ μηδὲν ὑπονοοῦσα τῶν
γεγονότων ἱκέτευεν εἰπεῖν τὴν αἰτίαν τοῦ
χόλου· ὁ δὲ ὑφαίμοις τοῖς ὀφθαλμοῖς καὶ παχεῖ
τῷ φθέγματι "κλαίω" φηςὶ "τὴν ἐμαυτοῦ τύχην,
30 ὅτι μου ταχέως ἐπελάθου," καὶ τὸν κῶμον
ὠνείδισεν. ἡ δὲ οἷα θυγάτηρ στρατηγοῦ καὶ
φρονήματος πλήρης πρὸς τὴν ἄδικον διαβολὴν
παρωξύνθη καὶ "οὐδεὶς ἐπὶ τὴν πατρῴαν οἰκίαν
ἐκώμασεν" εἶπε, "τὰ δὲ σὰ πρόθυρα συνήθη

35 τυχόν ἐστι τοῖς κώμοις, καὶ τὸ γεγαμηκέναι σε
λυπεῖ τοὺς ἐραστάς." ταῦτα εἰποῦσα ἀπεστράφη
καὶ συγκαλυψαμένη δακρύων ἀφῆκε πηγάς.
εὔκολοι δὲ τοῖς ἐρῶσιν αἱ διαλλαγαὶ καὶ πᾶσαν
ἀπολογίαν ἡδέως ἀλλήλων προσδέχονται.
40 μεταβαλλόμενος οὖν ὁ Χαιρέας ἤρξατο
κολακεύειν, καὶ ἡ γυνὴ ταχέως αὐτοῦ τὴν
μετάνοιαν ἠσπάζετο. ταῦτα μᾶλλον ἐξέκαυσε
τὸν ἔρωτα, καὶ οἱ ἀμφοτέρων αὐτῶν γονεῖς
μακαρίους αὐτοὺς ὑπελάμβανον τὴν τῶν τέκνων
45 ὁρῶντες ὁμόνοιαν.
4 Ὁ δὲ Ἀκραγαντῖνος διαπεπτωκυίας αὐτῷ τῆς
πρώτης τέχνης ἥπτετο λοιπὸν ἐνεργεστέρας,
κατασκευάσας τι τοιοῦτον. ἦν αὐτῷ παράσιτος
στωμύλος καὶ πάσης χάριτος ὁμιλητικῆς
5 ἔμπλεως. τοῦτον ἐκέλευσεν ὑποκριτὴν ἔρωτος
γενέσθαι. τὴν ἅβραν γὰρ τῆς Καλλιρόης καὶ
τιμιωτάτην τῶν θεραπαινίδων προσπίπτων
φιλεῖν προσεποιεῖτο. μόλις οὖν ἐκεῖνος πλὴν
ὑπηγάγετο τὴν μείρακα μεγάλαις δωρεαῖς τῷ τε
10 λέγειν ἀπάγξεσθαι μὴ τυχὼν τῆς ἐπιθυμίας.
γυνὴ δὲ εὐάλωτόν ἐστιν, ὅταν ἐρᾶσθαι δοκῇ.
ταῦτ' οὖν προκατασκευασάμενος ὁ δημιουργὸς
τοῦ δράματος ὑποκριτὴν ἕτερον ἐξηῦρεν,
οὐκέτι ὁμοίως εὔχαριν, ἀλλὰ πανοῦργον καὶ
15 ἀξιόπιστον λαλῆσαι. τοῦτον προδιδάξας ἃ χρὴ
πράττειν καὶ λέγειν, ὑπέπεμψεν ἀγνῶτα τῷ
Χαιρέᾳ. προσελθὼν δὲ ἐκεῖνος αὐτῷ περὶ τὰς
παλαίστρας ἀλύοντι "κἀμοὶ" φησὶν "υἱὸς ἦν, ὦ
Χαιρέα, σὸς ἡλικιώτης, πάνυ σε θαυμάζων καὶ
20 φιλῶν, ὅτε ἔζη. τελευτήσαντος δὲ αὐτοῦ σὲ υἱὸν
ἐμαυτοῦ νομίζω, καὶ γὰρ εἶ κοινὸν ἀγαθὸν

πάϲηϲ Cικελίαϲ εὐτυχῶν. δὸϲ οὖν μοι
ϲχολάζοντα ϲαυτὸν καὶ ἀκούῃ μεγάλα
πράγματα ὅλῳ τῷ βίῳ ϲου διαφέροντα."

25 Τοιούτοιϲ ῥήμαϲιν ὁ μιαρὸϲ ἐκεῖνοϲ
ἄνθρωποϲ τοῦ μειρακίου τὴν ψυχὴν
ἀνακουφίϲαϲ καὶ μεϲτὸν ποιήϲαϲ ἐλπίδοϲ καὶ
φόβου καὶ πολυπραγμοϲύνηϲ, δεομένου λέγειν
ὤκνει καὶ προεφαϲίζετο μὴ εἶναι τὸν καιρὸν
30 ἐπιτήδειον τὸν παρόντα, δεῖν δὲ ἀναβολῆϲ καὶ
ϲχολῆϲ μακροτέραϲ. ἐνέκειτο μᾶλλον ὁ
Χαιρέαϲ, ἤδη τι προϲδοκῶν βαρύτερον· ὁ δὲ
ἐμβαλὼν αὐτῷ τὴν δεξιὰν ἀπῆγεν εἴϲ τι χωρίον
ἠρεμαῖον, εἶτα ϲυναγαγὼν τὰϲ ὀφρῦϲ καὶ ὅμοιοϲ
35 γενόμενοϲ λυπουμένῳ, μικρὸν δέ τι καὶ
δακρύϲαϲ, "ἀηδῶϲ μὲν" εἶπεν, "ὦ Χαιρέα,
ϲκυθρωπόν ϲοι πρᾶγμα μηνύω καὶ πάλαι
βουλόμενοϲ εἰπεῖν ὤκνουν· ἐπεὶ δὲ ἤδη
φανερῶϲ ὑβρίζῃ καὶ θρυλλεῖται πανταχοῦ τὸ
40 δεινόν, οὐχ ὑπομένω ϲιωπᾶν· φύϲει τε γὰρ
μιϲοπόνηρόϲ εἰμι καὶ ϲοὶ μάλιϲτα εὔνουϲ.
γίνωϲκε τοίνυν μοιχευομένην ϲου τὴν γυναῖκα,
καὶ ἵνα τοῦτο πιϲτεύϲῃϲ, ἕτοιμοϲ ἐπ' αὐτοφώρῳ
τὸν μοιχὸν δεικνύειν."

45 Ὣϲ φάτο· τὸν δ' ἄχεοϲ νεφέλη ἐκάλυψε μέλαινα,
ἀμφοτέρῃϲι δὲ χερϲὶν ἑλὼν κόνιν αἰθαλόεϲϲα
χεύατο κὰκ κεφαλῆϲ, χαρίεν δ' ᾔϲχυνε πρόϲωπον.

Ἐπὶ πολὺ μὲν οὖν ἀχανὴϲ ἔκειτο, μήτε τὸ ϲτόμα
μήτε τοὺϲ ὀφθαλμοὺϲ ἐπᾶραι δυνάμενοϲ· ἐπεὶ
50 δὲ φωνὴν οὐχ ὁμοίαν μὲν ὀλίγην δὲ ϲυνελέξατο,
"δυϲτυχῆ μὲν" εἶπεν "αἰτῶ παρὰ ϲοῦ χάριν
αὐτόπτηϲ γενέϲθαι τῶν ἐμῶν κακῶν· ὅμωϲ δὲ
δεῖξον, ὅπωϲ εὐλογώτερον ἐμαυτὸν ἀνέλω·

— 14 —

Καλλιρόης γὰρ καὶ ἀδικούσης φείσομαι."
55 "προσποίησαι" φησὶν "ὡς εἰς ἀγρὸν ἀπιέναι,
βαθείας δὲ ἑσπέρας παραφύλαττε τὴν οἰκίαν·
ὄψει γὰρ εἰσιόντα τὸν μοιχόν."
Ϲυνέθεντο ταῦτα, καὶ ὁ μὲν Χαιρέας πέμψας
(οὐ γὰρ αὐτὸς ὑπέμεινεν οὐδὲ εἰσελθεῖν)
60 "ἄπειμι" φησὶν "εἰς ἀγρόν·" ὁ δὲ κακοήθης
ἐκεῖνος καὶ διάβολος συνέταττε τὴν σκηνήν.
ἑσπέρας οὖν ἐπιστάσης ὁ μὲν ἐπὶ τὴν
κατασκοπὴν ἦλθεν, ὁ δὲ τὴν ἄβραν τῆς
Καλλιρόης διαφθείρας ἐνέβαλεν εἰς τὸν
65 στενωπόν, ὑποκρινόμενος μὲν τὸν λαθραίοις
ἔργοις ἐπιχειρεῖν προαιρούμενον, πάντα δὲ
μηχανώμενος ἵνα μὴ λάθοι. κόμην εἶχε λιπαρὰν
καὶ βοστρύχους μύρων ἀποπνέοντας,
ὀφθαλμοὺς ὑπογεγραμμένους, ἱμάτιον
70 μαλακόν, ὑπόδημα λεπτόν· δακτύλιοι βαρεῖς
ὑπέστιλβον. εἶτα πολὺ περιβλεψάμενος τῇ θύρᾳ
προσῆλθε, κρούσας δὲ ἐλαφρῶς τὸ εἰωθὸς ἔδωκε
σημεῖον. ἡ δὲ θεράπαινα καὶ αὐτὴ περίφοβος
ἠρέμα παρανοίξασα καὶ λαβομένη τῆς χειρὸς
75 εἰσήγαγε. ταῦτα θεασάμενος Χαιρέας οὐκέτι
κατέσχεν ἀλλὰ εἰσέδραμεν ἐπ’ αὐτοφώρῳ τὸν
μοιχὸν ἀναιρήσων. ὁ μὲν οὖν παρὰ τὴν αὔλειον
θύραν ὑποστὰς εὐθὺς ἐξῆλθεν, ἡ δὲ Καλλιρόη
καθῆστο ἐπὶ τῆς κλίνης ζητοῦσα Χαιρέαν καὶ
80 μηδὲ λύχνον ἅψασα διὰ τὴν λύπην· ψόφου δὲ
ποδῶν γενομένου πρώτη τοῦ ἀνδρὸς ᾔσθετο τὴν
ἀναπνοὴν καὶ χαίρουσα αὐτῷ προσέδραμεν. ὁ δὲ
φωνὴν μὲν οὐκ ἔσχεν ὥστε λοιδορήσασθαι,
κρατούμενος δὲ ὑπὸ τῆς ὀργῆς ἐλάκτισε
85 προσιοῦσαν. εὐστόχως οὖν ὁ ποὺς κατὰ τοῦ

— 15 —

διαφράγματος ἐνεχθεὶς ἐπέςχε τῆς παιδὸς τὴν
ἀναπνοήν, ἐρριμμένην δὲ αὐτὴν αἱ
θεραπαινίδες βαςτάςαςαι κατέκλιναν ἐπὶ τὴν
κοίτην.

5 Καλλιρόη μὲν οὖν ἄφωνος καὶ ἄπνους ἔκειτο
νεκρᾶς εἰκόνα πᾶςι παρέχουςα, Φήμη δὲ
ἄγγελος τοῦ πάθους καθ' ὅλην τὴν πόλιν
διέτρεχεν, οἰμωγὴν ἐγείρουςα διὰ τῶν ςτενωπῶν
5 ἄχρι τῆς θαλάττης· καὶ πανταχόθεν ὁ θρῆνος
ἠκούετο, καὶ τὸ πρᾶγμα ἐῴκει πόλεως ἁλώςει.
Χαιρέας δὲ ἔτι τῷ θυμῷ ζέων δι' ὅλης νυκτὸς
ἀποκλείςας ἑαυτὸν ἐβαςάνιζε τὰς
θεραπαινίδας, πρώτην δὲ καὶ τελευταίαν τὴν
10 ἄβραν. ἔτι δὲ καιομένων καὶ τεμνομένων αὐτῶν
ἔμαθε τὴν ἀλήθειαν. τότε ἔλεος αὐτὸν εἰςῆλθε
τῆς ἀποθανούςης καὶ ἀποκτεῖναι μὲν ἑαυτὸν
ἐπεθύμει, Πολύχαρμος δὲ ἐκώλυε, φίλος
ἐξαίρετος, τοιοῦτος οἷον Ὅμηρος ἐποίηςε
15 Πάτροκλον Ἀχιλλέως. ἡμέρας δὲ γενομένης οἱ
ἄρχοντες ἐκλήρουν δικαςτήριον τῷ φονεῖ, διὰ
τὴν πρὸς Ἑρμοκράτην τιμὴν ἐπιςπεύδοντες τὴν
κρίςιν. ἀλλὰ καὶ ὁ δῆμος ἅπας εἰς τὴν ἀγορὰν
ςυνέτρεχεν, ἄλλων ἄλλα κεκραγότων·
20 ἐδημοκόπουν δὲ οἱ τῆς μνηςτείας ἀποτυχόντες
καὶ ὁ Ἀκραγαντῖνος ὑπὲρ ἅπαντας, λαμπρός τε
καὶ ςοβαρός, οἷον διαπραξάμενος ἔργον ὃ
μηδεὶς ἂν προςεδόκηςε. ςυνέβη δὲ πρᾶγμα
καινὸν καὶ ἐν δικαςτηρίῳ μηδεπώποτε πραχθέν·
25 ῥηθείςης γὰρ τῆς κατηγορίας ὁ φονεὺς
μετρηθέντος αὐτῷ τοῦ ὕδατος ἀντὶ τῆς
ἀπολογίας αὐτοῦ κατηγόρηςε πικρότερον καὶ
πρῶτος τὴν καταδικάζουςαν ψῆφον ἤνεγκεν,
οὐδὲν εἰπὼν τῶν πρὸς τὴν ἀπολογίαν δικαίων,

30 οὐ τὴν διαβολήν, οὐ τὴν ζηλοτυπίαν, οὐ τὸ
ἀκούσιον, ἀλλὰ ἐδεῖτο πάντων "δημοσίᾳ με
καταλεύσατε· ἀπεστεφάνωςα τὸν δῆμον.
φιλάνθρωπόν ἐςτιν ἂν παραδῶτέ με δημίῳ.
τοῦτο ὤφειλον παθεῖν, εἰ καὶ θεραπαινίδα
35 Ἑρμοκράτους ἀπέκτεινα. τρόπον ζητήςατε
κολάςεως ἀπόρρητον. χείρονα δέδρακα
ἱεροςύλων καὶ πατροκτόνων. μὴ θάψητέ με, μὴ
μιάνητε τὴν γῆν, ἀλλὰ τὸ ἀςεβὲς καταποντώςατε
cῶμα."
40 Ταῦτα λέγοντος θρῆνος ἐξερράγη, καὶ
πάντες ἀφέντες τὴν νεκρὰν τὸν ζῶντα
ἐπένθουν. Ἑρμοκράτης συνηγόρηςε Χαιρέᾳ
πρῶτος. "ἐγὼ" φηςὶν "ἐπίσταμαι τὸ συμβὰν
ἀκούςιον. βλέπω τοὺς ἐπιβουλεύοντας ἡμῖν.
45 οὐκ ἐφηςθήςονται δυςὶ νεκροῖς, οὐδὲ λυπήςω
τεθνεῶςαν τὴν θυγατέρα. ἤκουςα λεγούςης
αὐτῆς πολλάκις ὅτι αὐτῆς μᾶλλον θέλει
Χαιρέαν ζῆν. παύςαντες οὖν τὸ περιςςὸν
δικαστήριον ἐπὶ τὸν ἀναγκαῖον ἀπίωμεν τάφον.
50 μὴ παραδῶμεν χρόνῳ τὴν νεκράν, μηδὲ ἄμορφον
τῇ παρολκῇ ποιήςωμεν τὸ cῶμα. θάψωμεν
Καλλιρόην ἔτι καλήν."
6 Οἱ μὲν οὖν δικαςταὶ τὴν ἀπολύουςαν ψῆφον
ἔθεςαν, Χαιρέας δὲ οὐκ ἀπέλυεν ἑαυτόν, ἀλλὰ
ἐπεθύμει θανάτου καὶ πάςας ὁδοὺς ἐμηχανᾶτο
τῆς τελευτῆς. Πολύχαρμος δὲ ὁρῶν ἄλλως
5 ἀδύνατον ἑαυτῷ τὴν cωτηρίαν "προδότα" φηςὶ
"τῆς νεκρᾶς, οὐδὲ θάψαι Καλλιρόην
περιμένεις; ἀλλοτρίαις χερςὶ τὸ cῶμα
πιςτεύεις; καιρός ἐςτί ςοι νῦν ἐνταφίων
ἐπιμελεῖςθαι πολυτελείας καὶ τὴν ἐκκομιδὴν

— 17 —

10 κατασκευάσαι βασιλικήν." ἔπεισεν οὗτος ὁ
λόγος· ἐνέβαλε γὰρ φιλοτιμίαν καὶ φροντίδα.
τίς ἂν οὖν ἀπαγγεῖλαι δύναιτο κατ' ἀξίαν τὴν
ἐκκομιδὴν ἐκείνην; κατέκειτο μὲν Καλλιρόη
νυμφικὴν ἐσθῆτα περικειμένη καὶ ἐπὶ
15 χρυσηλάτου κλίνης μείζων τε καὶ κρείττων,
ὥστε πάντες εἴκαζον αὐτὴν Ἀριάδνῃ
καθευδούσῃ. προῄεσαν δὲ τῆς κλίνης πρῶτοι
μὲν οἱ Συρακοσίων ἱππεῖς αὐτοῖς ἵπποις
κεκοσμημένοι· μετὰ τούτους ὁπλῖται φέροντες
20 σημεῖα τῶν Ἑρμοκράτους τροπαίων· εἶτα ἡ
βουλὴ καὶ ἐν μέσῳ τῷ δήμῳ, πά⟨ντες οἱ
ἄρχο⟩ντες Ἑρμοκράτην δορυφοροῦντες.
ἐφέρετο δὲ καὶ Ἀρίστων ἔτι νοσῶν, θυγατέρα
καὶ κυρίαν Καλλιρόην ἀποκαλῶν. ἐπὶ τούτοις
25 αἱ γυναῖκες τῶν πολιτῶν μελανείμονες· εἶτα
πλοῦτος ἐνταφίων βασιλικός· πρῶτος μὲν ὁ τῆς
φερνῆς χρυσός τε καὶ ἄργυρος· ἐσθήτων κάλλος
καὶ κόσμος (συνέπεμψε δὲ Ἑρμοκράτης πολλὰ
ἐκ τῶν λαφύρων)· συγγενῶν τε δωρεαὶ καὶ φίλων.
30 τελευταῖος ἐπηκολούθησεν ὁ Χαιρέου πλοῦτος·
ἐπεθύμει γάρ, εἰ δυνατὸν ἦν, πᾶσαν τὴν οὐσίαν
συγκαταφλέξαι τῇ γυναικί. ἔφερον δὲ τὴν
κλίνην οἱ Συρακοσίων ἔφηβοι, καὶ ἐπηκολούθει
τὸ πλῆθος. τούτων δὲ θρηνούντων μάλιστα
35 Χαιρέας ἠκούετο. ἦν δὲ τάφος μεγαλοπρεπὴς
Ἑρμοκράτους πλησίον τῆς θαλάσσης, ὥστε καὶ
τοῖς πόρρωθεν πλέουσι περίβλεπτος εἶναι·
τοῦτον ὥσπερ θησαυρὸν ἐπλήρωσεν ἡ τῶν
ἐνταφίων πολυτέλεια. τὸ δὲ δοκοῦν εἰς τιμὴν
40 τῆς νεκρᾶς γεγονέναι μειζόνων πραγμάτων
ἐκίνησεν ἀρχήν.
7 Θήρων γάρ τις ἦν, πανοῦργος ἄνθρωπος, ἐξ

ἀδικίας πλέων τὴν θάλασσαν καὶ λῃστὰς ἔχων
ὑφορμοῦντας τοῖς λιμέσιν ὀνόματι πορθμείου,
πειρατήριον συγκροτῶν. οὗτος τῇ ἐκκομιδῇ

5 παρατυχὼν ἐπωφθάλμισε τῷ χρυσῷ καὶ νύκτωρ
κατακλινεὶς οὐκ ἐκοιμᾶτο λέγων πρὸς αὑτὸν
"ἀλλὰ ἐγὼ κινδυνεύω μαχόμενος τῇ θαλάσσῃ
καὶ τοὺς ζῶντας ἀποκτείνων ἕνεκα λημμάτων
μικρῶν, ἐξὸν πλουτῆσαι παρὰ μιᾶς νεκρᾶς;

10 ἀνερρίφθω κύβος· οὐκ ἀφήσω τὸ κέρδος. τίνας δ'
οὖν ἐπὶ τὴν πρᾶξιν στρατολογήσω; σκέψαι,
Θήρων, τίς ἐπιτήδειος ὢν οἶδας. Ζηνοφάνης ὁ
Θούριος; συνετὸς μὲν ἀλλὰ δειλός. Μένων ὁ
Μεσσήνιος; τολμηρὸς μὲν ἀλλὰ προδότης."

15 ἐπεξιὼν δὲ τῷ λογισμῷ καθέκαστον ὥσπερ
ἀργυρογνώμων, πολλοὺς ἀποδοκιμάσας, ὅμως
ἔδοξέ τινας ἐπιτηδείους. ἔωθεν οὖν διατρέχων
εἰς τὸν λιμένα, ἕκαστον αὐτῶν ἀνεζήτει. εὗρε
δὲ ἐνίους μὲν ἐν πορνείοις, οὓς δ' ἐν

20 καπηλείοις, οἰκεῖον στρατὸν τοιούτῳ στρατηγῷ.
φήσας οὖν ἔχειν τι διαλεχθῆναι πρὸς αὐτοὺς
ἀναγκαῖον, κατόπιν τοῦ λιμένος ἀπήγαγε καὶ
τούτων ἤρξατο τῶν λόγων· "ἐγὼ θησαυρὸν
εὑρὼν ὑμᾶς κοινωνοὺς εἱλόμην ἐξ ἁπάντων· οὐ

25 γάρ ἐστιν ἑνὸς τὸ κέρδος, οὐδὲ πόνου πολλοῦ
δεόμενον, ἀλλὰ μία νὺξ δύναται ποιῆσαι πάντας
ἡμᾶς πλουσίους. οὐκ ἄπειροι δ' ἐσμὲν τοιούτων
ἐπιτηδευμάτων, ἃ παρὰ μὲν τοῖς ἀνοήτοις
ἀνθρώποις ἔχει διαβολήν, ὠφέλειαν δὲ τοῖς

30 φρονίμοις δίδωσι." συνῆκαν εὐθὺς ὅτι λῃστείαν
ἢ τυμβωρυχίαν ἢ ἱεροσυλίαν καταγγέλλει, καὶ
"παῦσαι" ἔφασαν "⟨πείθων⟩ τοὺς πεπεισμένους
ἤδη καὶ μόνον μήνυε τὴν πρᾶξιν, καὶ τὸν

καιρὸν μὴ παραπολλύωμεν." ὁ δὲ Θήρων ἔνθεν
35 ἑλὼν "ἑωράκατε" φηςὶ "⟨τὸν⟩ χρυςὸν καὶ
ἄργυρον τῆς νεκρᾶς. οὗτος ἡμῶν τῶν ζώντων
δικαιότερον γένοιτ᾽ ἄν. δοκεῖ δή μοι νυκτὸς
ἀνοῖξαι τὸν τάφον, εἶτα ἐνθεμένους τῷ κέλητι,
πλεύσαντας ὅποι ποτ᾽ ἂν φέρῃ τὸ πνεῦμα
40 διαπωλῆσαι τὸν φόρτον ἐπὶ ξένης." ἤρεσε. "νῦν
μὲν οὖν" φηςὶ "τρέπεσθε ἐπὶ τὰς συνήθεις
διατριβάς· βαθείας δὲ ἑσπέρας ἕκαστος ἐπὶ τὸν
κέλητα κατίτω κομίζων οἰκοδομικὸν ὄργανον."
8 Οὗτοι μὲν δὴ ταῦτα ἔπραττον· τὰ δὲ περὶ
Καλλιρόην [δεινοτέραν] ἄλλην ἐλάμβανε
παλιγγενεσίαν, καί τινος ἀνέσεως ταῖς
ἀπολειφθείσαις ἀναπνοαῖς ἐκ τῆς ἀσιτίας
5 ἐγγενομένης, μόλις καὶ κατ᾽ ὀλίγον ἀνέπνευσεν·
ἔπειτα κινεῖν ἤρξατο κατὰ μέλη τὸ σῶμα,
διανοίγουσα δὲ τοὺς ὀφθαλμοὺς αἴσθησιν
ἐλάμβανεν ἐγειρομένης ἐξ ὕπνου καὶ ὡς
συγκαθεύδοντα Χαιρέαν ἐκάλεσεν. ἐπεὶ δὲ οὔτε
10 ὁ ἀνὴρ οὔτε αἱ θεραπαινίδες ἤκουον, πάντα δὲ
ἦν ἐρημία καὶ σκότος, φρίκη καὶ τρόμος τὴν
παῖδα κατελάμβανεν οὐ δυναμένην τῷ λογισμῷ
συμβαλεῖν τὴν ἀλήθειαν. μόλις δὲ
ἀνεγειρομένη στεφάνων προσήψατο καὶ ταινιῶν·
15 ψόφον ἐποίει χρυσοῦ τε καὶ ἀργύρου· πολλὴ δὲ
ἦν ἀρωμάτων ὀσμή. τότ᾽ οὖν ἀνεμνήσθη τοῦ
λακτίσματος καὶ τοῦ δι᾽ ἐκεῖνο πτώματος, μόλις
τε τὸν ἐκ τῆς ἀφωνίας ἐνόησε τάφον. ἔρρηξεν
οὖν φωνήν, ὅσην ἐδύνατο "ζῶ" βοῶσα, καὶ
20 "βοηθεῖτε." ἐπεὶ δὲ πολλάκις αὐτῆς κεκραγυίας
οὐδὲν ἐγίνετο πλέον, ἀπήλπισεν ἔτι τὴν
σωτηρίαν καὶ ἐνθεῖσα τοῖς γόνασι τὴν κεφαλὴν

ἐθρήνει λέγουcα "οἴμοι τῶν κακῶν· ζῶcα
κατώρυγμαι μηδὲν ἀδικοῦcα καὶ ἀποθνήcκω
25 θάνατον μακρόν. ὑγιαίνουcάν με πενθοῦcι.
τίνα τίc ἄγγελον πέμψει; ἄδικε Χαιρέα,
μέμφομαί cε οὐχ ὅτι με ἀπέκτειναc, ἀλλ' ὅτι με
ἔcπευcαc ἐκβαλεῖν τῆc οἰκίαc. οὐκ ἔδει cε
ταχέωc θάψαι Καλλιρόην οὐδ' ἀληθῶc
30 ἀποθανοῦcαν. ἀλλ' ἤδη τάχα τι βουλεύῃ περὶ
γάμου."
9 Κἀκείνη μὲν ἐν ποικίλοιc ἦν ὀδυρμοῖc· ὁ δὲ
Θήρων φυλάξαc αὐτὸ τὸ μεcονύκτιον ἀψοφητὶ
προcῄει τῷ τάφῳ, κούφωc ταῖc κώπαιc ἁπτόμενοc
τῆc θαλάccηc. ἐκβαίνων δὲ πρῶτον ἐπέταξε τὴν
5 ὑπηρεcίαν ⟨τὸν τρόπον⟩ τοῦτον. τέccαραc μὲν
ἀπέcτειλεν ἐπὶ καταcκοπήν, εἴ τινεc προcίοιεν
εἰc τὸν τόπον, εἰ μὲν δύναιντο, φονεύειν· εἰ δὲ
μή, cυνθήματι μηνύειν τὴν ἄφιξιν αὐτῶν·
πέμπτοc δὲ αὐτὸc προcῄει τῷ τάφῳ. τοὺc δὲ
10 λοιποὺc (ἦcαν γὰρ οἱ cύμπαντεc ἑκκαίδεκα)
μένειν ἐπὶ τοῦ κέλητοc ἐκέλευcε καὶ τὰc κώπαc
ἔχειν ἐπτερωμέναc, ἵνα, ἐάν τι αἰφνίδιον
cυμβαίνῃ, ταχέωc τοὺc ἀπὸ γῆc ἁρπάcαντεc
ἀποπλεύcωcιν. ἐπεὶ δὲ μοχλοὶ προcηνέχθηcαν
15 καὶ cφοδροτέρα πληγῇ πρὸc τὴν ἀνάρρηξιν τοῦ
τάφου, τὴν Καλλιρόην κατελάμβανεν ὁμοῦ
πάντα, φόβοc, χαρά, λύπη, θαυμαcμόc, ἐλπίc,
ἀπιcτία. "πόθεν ὁ ψόφοc; ἆρά τιc δαίμων κατὰ
νόμον κοινὸν τῶν ἀποθνηcκόντων ἐπ' ἐμὲ
20 παραγίνεται τὴν ἀθλίαν; ἢ ψόφοc οὐκ ἔcτιν,
ἀλλὰ φωνὴ καλούντων με τῶν ὑποχθονίων πρὸc
αὐτούc; τυμβωρύχουc μᾶλλον εἰκὸc εἶναι· καὶ
γὰρ τοῦτό μου ταῖc cυμφοραῖc προcετέθη·

— 21 —

πλοῦτος ἄχρηστος νεκρῷ." ταῦτα ἔτι
λογιζομένης αὐτῆς προύβαλε τὴν κεφαλὴν ὁ
λῃστὴς καὶ κατὰ μικρὸν εἰςεδύετο. Καλλιρόη δὲ
αὐτῷ προσέπεσε, βουλομένη δεηθῆναι· κἀκεῖνος
φοβηθεὶς ἐξεπήδησε. τρέμων δὲ πρὸς τοὺς
ἑταίρους ἐφθέγξατο "φεύγωμεν ἐντεῦθεν·
δαίμων γάρ τις φυλάττει τὰ ἔνδον καὶ εἰςελθεῖν
ἡμῖν οὐκ ἐπιτρέπει." κατεγέλασε Θήρων,
δειλὸν εἰπὼν καὶ νεκρότερον τῆς τεθνεώςης.
εἶτα ἐκέλευςεν ἄλλον εἰςελθεῖν. ἐπεὶ δὲ οὐδεὶς
ὑπέμενεν, αὐτὸς εἰςῆλθε προβαλλόμενος τὸ
ξίφος. λάμψαντος δὲ τοῦ ςιδήρου, δείςαςα ἡ
Καλλιρόη μὴ φονευθῇ, πρὸς τὴν γωνίαν
ἐξέτεινεν αὐτὴν κἀκεῖθεν ἱκέτευε, λεπτὴν
ἀφεῖςα φωνήν, "ἐλέηςον, ὅςτις ποτ᾽ εἶ, τὴν οὐκ
ἐλεηθεῖςαν ὑπὸ ἀνδρὸς οὐδὲ γονέων· μὴ
ἀποκτείνῃς ἣν ςέςωκας." μᾶλλον ἐθάρςηςεν ὁ
Θήρων καὶ οἷα δεινὸς ἀνὴρ ἐνόηςε τὴν
ἀλήθειαν· ἔςτη δὲ ςύννους καὶ τὸ μὲν πρῶτον
ἐβουλεύςατο κτεῖναι τὴν γυναῖκα, νομίζων
ἐμπόδιον ἔςεςθαι τῆς ὅλης πράξεως· ταχεῖα δὲ
διὰ τὸ κέρδος ἐγένετο μετάνοια καὶ πρὸς αὐτὸν
εἶπεν "ἔςτω καὶ αὐτὴ τῶν ἐνταφίων μέρος·
πολὺς μὲν ἄργυρος ἐνταῦθα, πολὺς δὲ χρυςός,
τούτων δὲ πάντων τὸ τῆς γυναικὸς τιμιώτερον
κάλλος." λαβόμενος οὖν τῆς χειρὸς ἐξήγαγεν
αὐτήν, εἶτα καλέςας τὸν ςυνεργὸν "ἰδοὺ" φηςὶν
"ὁ δαίμων ὃν ἐφοβοῦ· καλός γε λῃςτὴς φοβηθεὶς
καὶ γυναῖκα. ςὺ μὲν οὖν φύλαττε ταύτην· θέλω
γὰρ αὐτὴν ἀποδοῦναι τοῖς γονεῦςιν· ἡμεῖς δὲ
ἐκφέρωμεν τὰ ἔνδον ἀποκείμενα, μηκέτι μηδὲ
τῆς νεκρᾶς αὐτὰ τηρούςης."

10 Ἐπεὶ δὲ ἐνέπλησαν τὸν κέλητα τῶν λαφύρων,
ἐκέλευcεν ὁ Θήρων τὸν φύλακα μικρὸν
ἀποστῆναι μετὰ τῆς γυναικός· εἶτα βουλὴν
προέθηκε περὶ αὐτῆς. ἐγένοντο δὲ αἱ γνῶμαι
5 διάφοροι καὶ ἀλλήλαιc ὑπεναντίαι. πρῶτος γάρ
τιc εἶπεν "ἐφ' ἕτερα μὲν ἤλθομεν, ὦ
cυcτρατιῶται, βέλτιον δὲ τὸ παρὰ τῆc Τύχηc
ἀποβέβηκε· χρηcώμεθα αὐτῷ· δυνάμεθα γὰρ
ἀκινδύνωc ἐργάcαcθαι. δοκεῖ δή μοι τὰ μὲν
10 ἐντάφια κατὰ χώραν ἐᾶν, ἀποδοῦναι δὲ τὴν
Καλλιρόην ἀνδρὶ καὶ πατρί, φήcανταc ὅτι
προcωρμίcθημεν τῷ τάφῳ κατὰ cυνήθειαν
ἁλιευτικήν, ἀκούcαντεc δὲ φωνὴν ἠνοίξαμεν
κατὰ φιλανθρωπίαν, ἵνα cώcωμεν τὴν ἔνδον
15 ἀποκεκλειcμένην. ὁρκίcωμεν δὲ τὴν γυναῖκα
πάντα ἡμῖν μαρτυρεῖν. ἡδέωc δὲ ποιήcει χάριν
ὀφείλουcα τοῖc εὐεργέταιc δι' ὧν ἐcώθη. πόcηc
οἴεcθε χαρᾶc ἐμπλήcομεν τὴν ὅλην Cικελίαν;
πόcαc ληψόμεθα δωρεάc; ἅμα δὲ καὶ πρὸc
20 ἀνθρώπουc δίκαια καὶ πρὸc θεοὺc ὅcια ταῦτα
ποιήcομεν."
Ἔτι δὲ αὐτοῦ λέγοντος ἕτερος ἀντεῖπεν
"ἄκαιρε καὶ ἀνόητε, νῦν ἡμᾶc κελεύειc
φιλοcοφεῖν; ἀρά γε τὸ τυμβωρυχεῖν ἡμᾶc
25 ἐποίηcε χρηcτούc; ἐλεήcομεν ἣν οὐκ ἠλέηcεν
ἴδιοc ἀνὴρ ἀλλὰ ἀπέκτεινεν; οὐδὲν γὰρ
ἠδίκηκεν ἡμᾶc· ἀλλὰ ἀδικήcει τὰ μέγιcτα.
πρῶτον μὲν γάρ, ἂν ἀποδῶμεν αὐτὴν τοῖc
προcήκουcιν, ἄδηλον ἦν ἕξουcι γνώμην περὶ τοῦ
30 γεγονότοc, καὶ ἀδύνατον μὴ ὑποπτευθῆναι τὴν
αἰτίαν δι' ἣν ἤλθομεν ἐπὶ τὸν τάφον. ἐὰν δὲ καὶ
χαρίcωνται τὴν τιμωρίαν ἡμῖν οἱ τῆc γυναικὸc

— 23 —

συγγενεῖς, ἀλλ' οἱ ἄρχοντες καὶ ὁ δῆμος αὐτὸς
οὐκ ἀφήσει τυμβωρύχους ἄγοντας κατ' αὐτῶν τὸ
35 φορτίον. τάχα δέ τις ἐρεῖ λυσιτελέστερον εἶναι
πωλῆσαι τὴν γυναῖκα· τιμὴν γὰρ εὑρήσει διὰ τὸ
κάλλος. ἔχει δὲ καὶ τοῦτο κίνδυνον. ὁ μὲν γὰρ
χρυσὸς οὐκ ἔχει φωνήν, οὐδὲ ὁ ἄργυρος ἐρεῖ
πόθεν αὐτὸν εἰλήφαμεν. ἔξεστιν ἐπὶ τούτοις
40 πλάσασθαί τι διήγημα. φορτίον δὲ ἔχον
ὀφθαλμούς τε καὶ ὦτα καὶ γλῶσσαν τίς ἂν
ἀποκρύψαι δύναιτο; καὶ γὰρ οὐδὲ ἀνθρώπινον
τὸ κάλλος, ἵνα λάθωμεν. ὅτι 'δούλην' ἐροῦμεν;
τίς αὐτὴν ἰδὼν τοῦτο πιστεύσει; φονεύσωμεν
45 οὖν αὐτὴν ἐνθάδε, καὶ μὴ περιάγωμεν καθ'
αὐτῶν τὸν κατήγορον."
Πολλῶν δὲ τούτοις συντιθεμένων οὐδετέρᾳ
γνώμῃ Θήρων ἐπεψήφισε. "σὺ μὲν γὰρ" εἶπε
"κίνδυνον ἐπάγεις, σὺ δὲ κέρδος ἀπολλύεις. ἐγὼ
50 δὲ ἀποδώσομαι τὴν γυναῖκα μᾶλλον ἢ ἀπολέσω·
πωλουμένη μὲν γὰρ σιγήσει διὰ τὸν φόβον,
πραθεῖσα δὲ κατηγορείτω τῶν μὴ παρόντων.
οὐδὲ γὰρ ἀκίνδυνον βίον ζῶμεν. ἀλλ'
ἐμβαίνετε· πλέωμεν· ἤδη γάρ ἐστι πρὸς ἡμέραν."
11 Ἀναχθεῖσα δὲ ἡ ναῦς ἐφέρετο λαμπρῶς. οὐδὲ
γὰρ ἐβιάζοντο πρὸς κῦμα καὶ πνεῦμα τῷ μὴ
προκεῖσθαί τινα πλοῦν ἴδιον αὐτοῖς, ἀλλ' ἅπας
ἄνεμος οὔριος αὐτοῖς ἐδόκει καὶ κατὰ πρύμναν
5 εἱστήκει. Καλλιρόην δὲ παρεμυθεῖτο Θήρων,
ποικίλαις ἐπινοίαις πειρώμενος ἀπατᾶν. ἐκείνη
δὲ ᾐσθάνετο τὰ καθ' ἑαυτῆς καὶ ὅτι ἄλλως
ἐσώθη· προσεποιεῖτο δὲ μὴ νοεῖν, ἀλλὰ
πιστεύειν, δεδοικυῖα μὴ ἄρα καὶ ἀνέλωσιν
10 αὐτὴν ὡς ὀργιζομένην. εἰποῦσα δὲ μὴ φέρειν

— 24 —

τὴν θάλασσαν, ἐγκαλυψαμένη καὶ δακρύσασα
"cὺ μὲν" ἔφη, "πάτερ, ἐν ταύτῃ τῇ θαλάσσῃ
τριακοcίαc ναῦc Ἀθηναίων κατεναυμάχηcαc,
ἥρπαcε δέ cου τὴν θυγατέρα κέληc μικρὸc καὶ
15 οὐδέν μοι βοηθεῖc. ἐπὶ ξένην ἄγομαι γῆν καὶ
δουλεύειν με δεῖ τὴν εὐγενῆ· τάχα δὲ ἀγοράcει
τιc τὴν Ἑρμοκράτουc θυγατέρα δεcπότηc
·Ἀθηναῖοc. πόcῳ μοι κρεῖττον ἦν ἐν τάφῳ
κεῖcθαι νεκράν· πάντωc ἂν μετ' ἐμοῦ Χαιρέαc
20 ἐκηδεύθη· νῦν δὲ καὶ ζῶντεc καὶ ἀποθανόντεc
διεζεύχθημεν."
Ἡ μὲν οὖν ἐν τοιούτοιc ἦν ὀδυρμοῖc, οἱ δὲ
λῃcταὶ νήcουc μικρὰc καὶ πόλειc παρέπλεον· οὐ
γὰρ ἦν τὰ φορτία πενήτων, ἐζήτουν δὲ
25 πλουcίουc ἄνδραc. ὡρμίcαντο δὴ καταντικρὺ
τῆc Ἀττικῆc ὑπό τινα χηλήν· πηγὴ δὲ ἦν αὐτόθι
πολλοῦ καὶ καθαροῦ νάματοc καὶ λειμὼν
εὐφυήc. ἔνθα τὴν Καλλιρόην προαγαγόντεc
φαιδρύνεcθαι καὶ ἀναπαύcαcθαι κατὰ μικρὸν
30 ἀπὸ τῆc θαλάccηc ἠξίωcαν, διαcώζειν θέλοντεc
αὐτῆc τὸ κάλλοc· μόνοι δὲ ἐβουλεύοντο ὅποι
χρὴ τὸν cτόλον ὁρμίcαι. καί τιc εἶπεν "'Ἀθῆναι
πληcίον, μεγάλη καὶ εὐδαίμων πόλιc. ἐκεῖ
πλῆθοc μὲν ἐμπόρων εὑρήcομεν, πλῆθοc δὲ
35 πλουcίων. ὥcπερ γὰρ ἐν ἀγορᾷ τοὺc ἄνδραc
οὕτωc ἐν Ἀθήναιc τὰc πόλειc ἔcτιν ἰδεῖν."
ἐδόκει δὴ πᾶcι καταπλεῖν εἰc Ἀθήναc, οὐκ
ἤρεcκε δὲ Θήρωνι τῆc πόλεωc ἡ περιεργία·
"μόνοι γὰρ ὑμεῖc οὐκ ἀκούετε τὴν
40 πολυπραγμοcύνην τῶν Ἀθηναίων; δῆμόc ἐcτι
λάλοc καὶ φιλόδικοc, ἐν δὲ τῷ λιμένι μυρίοι
cυκοφάνται πεύcονται τίνεc ἐcμὲν καὶ πόθεν

— 25 —

ταῦτα φέρομεν τὰ φορτία. ὑποψία καταλήψεται
πονηρὰ τοὺς κακοήθεις. Ἄρειος πάγος εὐθὺς
45   ἐκεῖ καὶ ἄρχοντες τυράννων βαρύτεροι. μᾶλλον
Συρακοσίων Ἀθηναίους φοβηθῶμεν. χωρίον
ἡμῖν ἐπιτήδειόν ἐστιν Ἰωνία, καὶ γὰρ πλοῦτος
ἐκεῖ βασιλικὸς ἐκ τῆς μεγάλης Ἀσίας ἄνωθεν
ἐπιρρέων καὶ ἄνθρωποι τρυφῶντες καὶ
50   ἀπράγμονες· ἐλπίζω δέ τινας αὐτόθεν εὑρήσειν
καὶ γνωρίμους." ὑδρευσάμενοι δὴ καὶ λαβόντες
ἀπὸ τῶν παρουσῶν ὁλκάδων ἐπισιτισμὸν ἔπλεον
εὐθὺ Μιλήτου, τριταῖοι δὲ κατήχθησαν εἰς
ὅρμον ἀπέχοντα τῆς πόλεως σταδίους
ὀγδοήκοντα, εὐφυέστατον εἰς ὑποδοχήν.
12   Ἔνθα δὴ Θήρων κώπας ἐκέλευσεν ἐκφέρειν καὶ
μονὴν ποιεῖν τῇ Καλλιρόῃ καὶ πάντα παρέχειν
εἰς τρυφήν· ταῦτα δὲ οὐκ ἐκ φιλανθρωπίας
ἔπραττεν ἀλλ᾽ ἐκ φιλοκερδίας, ὡς ἔμπορος
5   μᾶλλον ἢ λῃστής. αὐτὸς δὲ διέδραμεν εἰς ἄστυ
παραλαβὼν δύο τῶν ἐπιτηδείων. εἶτα φανερῶς
μὲν οὐκ ἐβουλεύετο ζητεῖν τὸν ὠνητὴν οὐδὲ
περιβόητον τὸ πρᾶγμα ποιεῖν, κρύφα δὲ καὶ διὰ
χειρὸς ἔσπευδε τὴν πρᾶσιν. δυσδιάθετον δὲ
10   ἀπέβαινεν· οὐ γὰρ ἦν τὸ κτῆμα πολλῶν οὐδὲ
ἑνὸς τῶν ἐπιτυχόντων, ἀλλὰ πλουσίου τινὸς καὶ
βασιλέως, τοῖς δὲ τοιούτοις ἐφοβεῖτο προσιέναι.
γινομένης οὖν διατριβῆς μακροτέρας οὐκέτι
φέρειν ὑπέμενε τὴν παρολκήν· νυκτὸς δὲ
15   ἐπελθούσης καθεύδειν μὲν οὐκ ἐδύνατο, ἔφη δὲ
πρὸς αὐτὸν "ἀνόητος, ὦ Θήρων, εἶ·
ἀπολέλοιπας γὰρ ἤδη τοσαύταις ἡμέραις
ἄργυρον καὶ χρυσὸν ἐν ἐρημίᾳ, ὡς μόνος
λῃστής. οὐκ οἶδας ὅτι τὴν θάλασσαν καὶ ἄλλοι

— 26 —

20 πλέουcι πειραταί; ἐγὼ δὲ καὶ τοὺc ἡμετέρουc
φοβοῦμαι μὴ καταλιπόντεc ἡμᾶc ἀποπλεύcωcιν·
οὐ δήπου γὰρ τοὺc δικαιοτάτουc
ἐcτρατολόγηcαc, ἵνα cοι τὴν πίcτιν φυλάττωcιν,
ἀλλὰ τοὺc πονηροτάτουc ἄνδραc ὧν ᾔδειc.
25 νῦν
μὲν οὖν" εἶπεν "ἐξ ἀνάγκηc κάθευδε, ἡμέραc δὲ
ἐπιcτάcηc διαδραμὼν ἐπὶ τὸν κέλητα ῥῖψον εἰc
θάλαccαν τὴν ἄκαιρον καὶ περιττήν cοι
γυναῖκα καὶ μηκέτι φορτίον ἐπάγου
δυcδιάθετον." κοιμηθεὶc δὲ ἐνύπνιον εἶδε
30 κεκλειcμέναc τὰc θύραc. ἔδοξεν οὖν αὐτῷ τὴν
ἡμέραν ἐκείνην ἐπιcχεῖν. οἷα δὲ ἀλύων ἐπί
τινοc ἐργαcτηρίου καθῆcτο, ταραχώδηc
παντάπαcι τὴν ψυχήν. ἐν δὲ τῷ μεταξὺ παρῄει
πλῆθοc ἀνθρώπων ἐλευθέρων τε καὶ δούλων, ἐν
35 μέcοιc δὲ αὐτοῖc ἀνὴρ ἡλικίᾳ καθεcτώc,
μελανειμονῶν καὶ cκυθρωπόc. ἀναcτὰc οὖν ὁ
Θήρων (περίεργον γὰρ ἀνθρώπου φύcιc)
ἐπυνθάνετο ἑνὸc τῶν ἐπακολουθούντων "τίc
οὗτοc;" ὁ δὲ ἀπεκρίνατο "ξένοc εἶναί μοι
40 δοκεῖc ἢ μακρόθεν ἥκειν, ὃc ἀγνοεῖc Διονύcιον
πλούτῳ καὶ γένει καὶ παιδείᾳ τῶν ἄλλων Ἰώνων
ὑπερέχοντα, φίλον τοῦ μεγάλου βαcιλέωc."
"διατί τοίνυν μελανειμονεῖ;" "ἡ γυνὴ γὰρ
αὐτοῦ τέθνηκεν ἧc ἤρα." ἔτι μᾶλλον εἴχετο τῆc
45 ὁμιλίαc ὁ Θήρων, εὑρηκὼc ἄνδρα πλούcιον καὶ
φιλογύναιον. οὐκέτ' οὖν ἀνῆκε τὸν ἄνδρα ἀλλ'
ἐπυνθάνετο "τίνα χώραν ἔχειc παρ' αὐτῷ;"
κἀκεῖνοc ἀπεκρίνατο "διοικητήc εἰμι τῶν ὅλων,
τρέφω δὲ αὐτῷ καὶ τὴν θυγατέρα, παιδίον
50 νήπιον, μητρὸc ἀθλίαc πρὸ ὥραc ὀρφανόν."
[Θήρων] "τί cὺ καλῇ;" "Λεωνᾶc." "εὐκαίρωc"

— 27 —

φησίν, "ὦ Λεωνᾶ, συνεβάλομεν. ἔμπορόc εἰμι καὶ
πλέω νῦν ἐξ Ἰταλίαc, ὅθεν οὐδὲν οἶδα τῶν ἐν
Ἰωνίᾳ. γυνὴ δὲ Cυβαρῖτιc, εὐδαιμονεcτάτη τῶν
55 ἐκεῖ, καλλίcτην ἅβραν ἔχουcα διὰ ζηλοτυπίαν
ἐπώληcεν, ἐγὼ δὲ αὐτὴν ἐπριάμην. coὶ οὖν
γενέcθω τὸ κέρδοc, εἴτε cεαυτῷ θέλειc τροφὸν
καταcχεῖν τοῦ παιδίου (πεπαίδευται γὰρ
ἱκανῶc) εἴτε καὶ ἄξιον ὑπολαμβάνειc
60 χαρίcαcθαι τῷ δεcπότῃ. λυcιτελεῖ δέ coι μᾶλλον
ἀργυρώνητον ἔχειν αὐτόν, ἵνα μὴ τῇ τροφίμῃ
coυ μητρυιὰν ἐπαγάγηται." τούτων ὁ Λεωνᾶc
ἤκουcεν ἀcμένωc καὶ "θεόc μοί τιc" εἶπεν
"εὐεργέτην cε κατέπεμψεν· ἃ γὰρ
65 ὠνειροπόλουν ὕπαρ μοι δεικνύειc· ἐλθὲ τοίνυν
εἰc τὴν οἰκίαν καὶ φίλοc ἤδη γενοῦ καὶ ξένοc·
τὴν δὲ περὶ τῆc γυναικὸc αἵρεcιν ἡ ὄψιc κρινεῖ,
πότερον δεcποτικόν ἐcτι τὸ κτῆμα ἢ καθ᾽ ἡμᾶc."
13 Ἐπεὶ δὲ ἧκον εἰc τὴν οἰκίαν, ὁ μὲν Θήρων
ἐθαύμαζε τὸ μέγεθοc καὶ τὴν πολυτέλειαν (ἣν
γὰρ εἰc ὑποδοχὴν τοῦ Περcῶν βαcιλέωc
παρεcκευαcμένη), Λεωνᾶc δὲ ἐκέλευcε
5 περιμένειν αὐτὸν περὶ τὴν θεραπείαν τοῦ
δεcπότου πρῶτον ⟨γενηcόμενον⟩. ἔπειτα ἐκεῖνον
λαβὼν ἀνήγαγεν εἰc τὴν οἴκηcιν τὴν ἑαυτοῦ
cφόδρα ἐλευθέριον οὖcαν, ἐκέλευcε δὲ
παραθεῖναι τράπεζαν. καὶ ὁ Θήρων, οἷα
10 πανοῦργοc ἄνθρωποc καὶ πρὸc πάντα καιρὸν
ἁρμόcαcθαι δεινόc, ἥπτετο τροφῆc καὶ
ἐφιλοφρονεῖτο ταῖc προπόcεcι τὸν Λεωνᾶν, τὰ
μὲν ἁπλότητοc ἐνδείξει, τὸ δὲ πλέον κοινωνίαc
πίcτει. μεταξὺ δὲ ὁμιλία περὶ τῆc γυναικὸc
15 ἐγίνετο πολλή, καὶ ὁ Θήρων ἐπήνει τὸν τρόπον

• μᾶλλον τῆς γυναικὸς ἢ τὸ κάλλος, εἰδὼς ὅτι τὸ
μὲν ἄδηλον συνηγορίας ἔχει χρείαν, ἡ δὲ ὄψις
αὐτὴν συνίστησιν. "ἀπίωμεν οὖν" ἔφη Λεωνᾶς,
"καὶ δεῖξον αὐτήν." ὁ δὲ "οὐκ ἐνταῦθά ἐστιν"
20 ἀπεκρίνατο, "διὰ γὰρ τοὺς τελώνας περιέστημεν
τὴν πόλιν, ἀπὸ ὀγδοήκοντα δὲ σταδίων τὸ
πλοῖον ὁρμεῖ," καὶ τὸν τόπον ἔφραζεν. "ἐν τοῖς
ἡμετέροις" φησὶ "χωρίοις ὡρμίσασθε· καὶ τοῦτο
βέλτιον, ἤδη τῆς Τύχης ὑμᾶς ἀγούσης ἐπὶ
25 Διονύσιον. ἀπίωμεν οὖν εἰς τὸν ἀγρόν, ἵνα καὶ
ἐκ τῆς θαλάσσης αὐτοὺς ἀναλάβητε· ἡ γὰρ
πλησίον ἔπαυλις κατεσκεύασται πολυτελῶς."
ἥσθη μᾶλλον ὁ Θήρων, εὐκολωτέραν ἔσεσθαι
τὴν πρᾶσιν οὐκ ἐν ἀγορᾷ νομίζων ἀλλ' ἐν
30 ἐρημίᾳ, καὶ "ἔωθεν" φησὶν "ἀπίωμεν, σὺ μὲν εἰς
τὴν ἔπαυλιν, ἐγὼ δὲ εἰς τὴν ναῦν, κἀκεῖθεν ἄξω
τὴν γυναῖκα πρὸς σέ." συνέθεντο ταῦτα καὶ
δεξιὰς ἀλλήλοις ἐμβαλόντες ἀπηλλάγησαν.
ἀμφοτέροις δὲ ἡ νὺξ ἐδόκει μακρά, τοῦ μὲν δὴ
35 σπεύδοντος ἀγοράσαι, τοῦ δὲ πωλῆσαι.
    Τῆς δὲ ὑστεραίας ὁ μὲν Λεωνᾶς παρέπλευσεν
εἰς τὴν ἔπαυλιν, ἅμα καὶ ἀργύριον κομίζων ἵνα
προκαταλάβῃ τὸν ἔμπορον· ὁ δὲ Θήρων ἐπὶ τὴν
ἀκτὴν καὶ σφόδρα ποθοῦσιν ἐπέστη τοῖς
40 συνεργοῖς, διηγησάμενος δὲ τὴν πρᾶσιν αὐτοῖς
Καλλιρόην κολακεύειν ἤρξατο. "κἀγὼ" φησί,
"θύγατερ, εὐθὺς μὲν ἤθελόν σε πρὸς τοὺς σοὺς
ἀπαγαγεῖν· ἐναντίου δὲ ἀνέμου γενομένου
διεκωλύθην ὑπὸ τῆς θαλάσσης· ἐπίστασαι δὲ
45 πόσην σου πεποίημαι πρόνοιαν· καὶ τὸ μέγιστον,
καθαρὰν ἐτηρήσαμεν· ἀνύβριστον ἀπολήψεταί
σε Χαιρέας, ὡς ἐκ θαλάμου τοῦ τάφου σωθεῖσαν

— 29 —

δι᾿ ἡμᾶc. νῦν μὲν οὖν ἀναγκαῖόν ἐcτιν ἡμῖν
μέχρι Λυκίαc διαδραμεῖν, οὐκ ἀναγκαῖον δὲ καὶ
50 cὲ μάτην ταλαιπωρεῖν καὶ ταῦτα χαλεπῶc
ναυτιῶcαν· ἐνταῦθα [δὲ] δὴ παραθήcομαί cε
φίλοιc πιcτοῖc, ἐπανιὼν δὲ παραλήψομαι καὶ
μετὰ πολλῆc ἐπιμελείαc ἄξω λοιπὸν εἰc
Cυρακούcαc. λαβὲ τῶν cῶν ὅτι ἂν θέληc· coὶ γὰρ
55 καὶ τὰ λοιπὰ τηροῦμεν."
Ἐπὶ τούτῳ πρὸc αὐτὴν ἐγέλαcε Καλλιρόη,
καίτοι cφόδρα λυπουμένη, ⟨καὶ⟩ παντελῶc
αὐτὸν ἀνόητον ὑπελάμβανεν· ἤδη ⟨γὰρ⟩
πωλουμένη ⟨μὲν⟩ ἠπίcτατο, τῆc δὲ παλιγγενεcίαc
60 τὴν πρᾶcιν εὐτυχεcτέραν ὑπελάμβανεν,
ἀπαλλαγῆναι θέλουcα λῃcτῶν. καὶ "χάριν coι"
φηcὶν "ἔχω, πάτερ, ὑπὲρ τῆc εἰc ἐμὲ
φιλανθρωπίαc· ἀποδοῖεν δὲ" ἔφη "πᾶcιν ὑμῖν οἱ
θεοὶ τὰc ἀξίαc ἀμοιβάc. χρήcαcθαι δὲ τοῖc
65 ἐνταφίοιc δυcοιώνιcτον ὑπολαμβάνω. πάντα μοι
φυλάξατε καλῶc· ἐμοὶ δὲ ἀρκεῖ δακτυλίδιον
μικρόν, ὃ εἶχον καὶ νεκρά." εἶτα
cυγκαλυψαμένη τὴν κεφαλὴν "ἄγε με" φηcίν, "ὦ
Θήρων, ὅποι ποτὲ θέλειc· πᾶc γὰρ τόποc
70 θαλάccηc καὶ τάφου κρείccων."
14 Ὡc δὲ πληcίον ἐγένετο τῆc ἐπαύλεωc, ὁ Θήρων
ἐcτρατήγηcέ τι τοιοῦτον. ἀποκαλύψαc τὴν
Καλλιρόην καὶ λύcαc αὐτῆc τὴν κόμην,
διανοίξαc τὴν θύραν, πρώτην ἐκέλευcεν
5 εἰcελθεῖν. ὁ δὲ Λεωνᾶc καὶ πάντεc οἱ ἔνδον
ἐπιcτάcηc αἰφνίδιον κατεπλάγηcαν, οἱ μὲν
δοκοῦντεc θεὰν ἑωρακέναι, ⟨οἱ δὲ καὶ
προcκυνήcαντεc⟩· καὶ γὰρ ἦν τιc λόγοc ἐν τοῖc
ἀγροῖc Ἀφροδίτην ἐπιφαίνεcθαι.

10 καταπεπληγμένων δὲ αὐτῶν κατόπιν ὁ Θήρων
ἑπόμενος προσῆλθε τῷ Λεωνᾷ καὶ "ἀνάστα"
φηςὶ "καὶ γενοῦ περὶ τὴν ὑποδοχὴν τῆς
γυναικός· αὕτη γάρ ἐστιν ἣν θέλεις ἀγοράςαι."
χαρὰ καὶ θαυμαςμὸς ἐπηκολούθηςε πάντων. τὴν
15 μὲν οὖν Καλλιρόην ἐν τῷ καλλίςτῳ τῶν
οἰκημάτων κατακλίναντες εἴαςαν ἡςυχάζειν·
καὶ γὰρ ἐδεῖτο πολλῆς ἀναπαύςεως ἐκ λύπης καὶ
καμάτου καὶ φόβου· Θήρων δὲ τῆς δεξιᾶς
λαβόμενος τοῦ Λεωνᾶ "τὰ μὲν παρ' ἐμοῦ ςοι"
20 φηςὶ "πιςτῶς πεπλήρωται, ςὺ δὲ ἔχε μὲν ἤδη τὴν
γυναῖκα (φίλος γὰρ εἶ λοιπόν), ἧκε δὲ εἰς ἄςτυ
καὶ λάμβανε τὰς καταγραφὰς καὶ τότε μοι
τιμήν, ἣν θέλεις, ἀποδώςεις." ἀμείψαςθαι δὲ
θέλων [ὁ] Λεωνᾶς "οὐ μὲν οὖν" φηςίν, "ἀλλὰ
25 καὶ ἐγώ ςοι τὸ ἀργύριον ἤδη πιςτεύω πρὸ τῆς
καταγραφῆς," ἅμα δὲ καὶ προκαταλαβεῖν ἤθελε,
δεδιὼς μὴ ἄρα μετάθηται· πολλοὺς γὰρ ⟨ἂν⟩ ἐν
τῇ πόλει γενέςθαι τοὺς ἐθέλοντας ὠνεῖςθαι.
τάλαντον οὖν ἀργυρίου προκομίςας ἠνάγκαζε
30 λαβεῖν, ὁ δὲ Θήρων ἀκκιςάμενος λαμβάνει.
κατέχοντος δὲ ἐπὶ δεῖπνον αὐτὸν τοῦ Λεωνᾶ
(καὶ γὰρ ἦν ὀψὲ τῆς ὥρας) "βούλομαι" φηςὶν
"ἀφ' ἑςπέρας εἰς τὴν πόλιν πλεῦςαι, τῆς δ'
ὑςτεραίας ἐπὶ τῷ λιμένι ςυμβαλοῦμεν."
35   Ἐπὶ τούτοις ἀπηλλάγηςαν. ἐλθὼν δὲ ἐπὶ τὴν
ναῦν ὁ Θήρων ἐκέλευςεν ἀραμένους τὰς
ἀγκύρας ἀνάγεςθαι τὴν ταχίςτην, πρὶν
ἐκπύςτους γενέςθαι. καὶ οἱ μὲν ἀπεδίδραςκον
ἔνθα τὸ πνεῦμα ἔφερε, μόνη δὲ Καλλιρόη
40 γενομένη ἤδη μετ' ἐξουςίας τὴν ἰδίαν

ἀπωδύρετο τύχην. "ἰδοὺ" φησὶν "ἄλλος τάφος,
ἐν ᾧ Θήρων με κατέκλεισεν, ἐρημότερος
ἐκείνου μᾶλλον· πατὴρ γάρ ἂν ἐκεῖ μοι
προσῆλθε καὶ μήτηρ, καὶ Χαιρέας ἐπέσπεισε
45 δακρύων· ᾐσθόμην ἂν καὶ τεθνεῶσα. τίνα δὲ
ἐνταῦθα καλέσω; διώκεις ⟨με⟩, Τύχη βάσκανε,
διὰ γῆς καὶ θαλάσσης τῶν ἐμῶν κακῶν οὐκ
ἐπληρώθης, ἀλλὰ πρῶτον μὲν φονέα μου τὸν
ἐραστήν ἐποίησας· Χαιρέας, ὁ μηδὲ δοῦλον
50 μηδέποτε πλήξας, ἐλάκτισε καιρίως ἐμὲ τὴν
φιλοῦσαν· εἶτά με τυμβωρύχων χερσὶ παρέδωκας
καὶ ἐκ τάφου προήγαγες εἰς θάλασσαν καὶ τῶν
κυμάτων τοὺς πειρατὰς φοβερωτέρους
ἐπέστησας. τὸ δὲ περιβόητον κάλλος εἰς τοῦτο
55 ἐκτησάμην, ἵνα ὑπὲρ ἐμοῦ Θήρων ὁ λῃστὴς
μεγάλην λάβῃ τιμήν. ἐν ἐρημίᾳ πέπραμαι καὶ
οὐδὲ εἰς πόλιν ἤχθην, ὡς ἄλλη τις τῶν
ἀργυρωνήτων· ἐφοβήθης γάρ, ὦ Τύχη, μή τις
ἰδὼν εὐγενῆ ⟨με⟩ δόξῃ. διὰ τοῦτο ὡς σκεῦος
60 παρεδόθην οὐκ οἶδα τίσιν, Ἕλλησιν ἢ
βαρβάροις ἢ πάλιν λῃσταῖς." κόπτουσα δὲ τῇ
χειρὶ τὸ στῆθος εἶδεν ἐν τῷ δακτυλίῳ τὴν
εἰκόνα τὴν Χαιρέου καὶ καταφιλοῦσα "ἀληθῶς
ἀπόλωλά σοι, Χαιρέα" φησί, "τοιούτῳ
65 διαζευχθεῖσα πάθει. καὶ σὺ μὲν πενθεῖς καὶ
μετανοεῖς καὶ τάφῳ κενῷ παρακάθησαι, μετὰ
θάνατόν μοι τὴν σωφροσύνην μαρτυρῶν, ἐγὼ δὲ
ἡ Ἑρμοκράτους θυγάτηρ, ἡ σὴ γυνή, δεσπότῃ
σήμερον ἐπράθην." τοιαῦτα ὀδυρομένη μόλις
70 ὕπνος ἐπῆλθεν [αὐτῇ].

COMMENTARY

In what follows the Arabic numerals refer to section and line numbers of this edition. The section numbers are those used in the editions of Goold and Reardon.

Abbreviations

D = Denniston, *Greek Particles*
LSJ = Liddell, Scott, & Jones, *A Greek Lexicon*
S = Smyth, *Greek Grammar*
sc. = *scilicet*, "understand" or "supply"
< = "is from"

Section 1

1   Ἀφροδιcιεύc: "of Aphrodisias," a Carian city in SW Asia Minor.

1   Ἀθηναγόρου: nothing more is known of him.

2   ὑπογραφεύc: "writer" or "secretary."

4   Ἑρμοκράτηc: the great Syracusan general who defeated the Athenians when they invaded Sicily in 415.

6   τοὔνομα: crasis for τὸ ὄνομα, acc. of respect.

6-7   θαυμαστόν τι χρῆμα παρθένου: translate "some wondrous thing of a girl." Acc. in apposition.

7   ἄγαλμα: both "delight" and "cult statue." Here, following Goold, "idol."

9   ὀρειῶν < ὄρειοc, "mountainous." Appositive gen. with νύμφηc, "of a Nymph, mountainous ones."

12   κατέρρεον: impf. < καταρρέω, "flow down," i.e., "rush down."

12   Cυρακούcαc: "Syracuse"; the name is plural (S §1005).

12-3   δυνάcται ... τύραννοι: By the Hellenistic period, "dynast" and "tyrant" were synonymous.

17   οἷον: introduces comparison (LSJ s.v. V.2b), "as, for example."

18   Νιρέα: Nireus of Syme was the most handsome of the Greeks at Troy after Achilles (*Iliad* 2.671-5).

18   πλάcται < πλάcτηc: "sculptor."

— 33 —

19 γραφεῖc < γραφεύc: "painter."

19 ἀποδεικνύουcι < ἀποδείκνυμι, "make known," "represent."

19-21 πατρὸc ... φερομένου: gen. absol. with acc. object τὰ δεύτερα, "the second-best things, second best."

22 φθόνοc: "rivalry."

22 θᾶττον: comparative of ταχύc, "swifter," here used in the n. as an adv., "sooner" (S §345).

22 πᾶcιν: "all," i.e. "anyone" (LSJ s.v. III.2).

23 ἐκήδευcαν < κηδεύω, "take charge of, tend" here used in the sense of "contract a marriage."

24 κατορθώμαcιν < κατόρθωμα, -ατοc, τό, "successes."

27 cχεδόν: adv., "nearly."

27 νεών: acc. sing. < νεώc, -ώ, ὁ, Attic for ναόc, "a temple."

27 τέωc: temporal adv., here "meanwhile, before."

28 προϊοῦcαν: fem. pres. part. < πρόειμι, "go before," "coming out."

31 οἴκαδε: "homeward," the ending -δε denoting place to which (S §342).

31 cτίλβων < cτίλβω, "shine, glitter, glisten."

31 ἐπήνθει < ἐπανθέω, "bloom," + dat.

32 τῷ λαμπρῷ: "brilliance"; < λαμπρόc, "bright."

32 ἐρύθημα, -ατοc, τό: "blush" or "flush."

34 καμπήν: here "bend," "turn," or (Goold) "corner."

35 πολιτευcαμένου < πολιτεύω,"govern" or "administer."

36 cυνοδίαν: here "party, companionship"; here "meeting."

37 ὀφθῇ: aor. pass. subj. < ὁράω.

38 ἀλλήλοιc .... τοῦ κάλλουc: There is an irrecoverable gap in the mss. of 7 letters here. Translate the first six words together as a complete sentence; the genitive absolute after the break makes sense in its own right. Only the connection between the two is missing.

41 ἀπῄει: 3rd sing. impf. < ἄπειμι, "go away."

41 καὶ ὥcπερ: καί intensifies ὥcπερ, "precisely like, even as" (LSJ s.v. ὥcπερ).

42 τρωθείc: aor. pass. part. < τιτρώcκω, "wound."

42 καιρίαν: "mortal" or "fatal"; sc. πληγήν, "blow."

43 καταπεcεῖν: aor. inf. act. < καταπίπτω.

43 cτῆναι: aor. inf. act. < ἵcτημι.

45 καταφιλοῦcα: "caressing" or "kissing" (them).

46 δόc: 2ⁿᵈ sing. aor. imper. act. < δίδωμι.

48 ἐξεκάετο < ἐκκαίω, "kindle, inflame."

49 κατάφωροc: "detected."

50 εὐφυήc: here "of good disposition" (LSJ s.v. II).

50 μεγαλόφρων: "high minded," here "spirited" (Goold) or "high-spirited."

53 μὴ τυχών: μή with the part. here expresses a conditional force. τυχών < τυγχάνω, "happen upon, meet with" + gen.

54 οἴχῃ: 2ⁿᵈ sing. pres. mid. < οἴχομαι, "depart, die."

57 οὔκουν οὐδέ: "therefore not even"; the repetition of compound negatives reinforces the idea of negation (S §2761). Do not confuse with οὔκοῦν.

58 μὴ ... ὑβριcθῶμεν: prohibitory subj. (S §1840.A).

58 εἶθ᾽ ὁ: εἶτα ("then") before the aspirated ὁ.

59 ηὔξετο < αὐξάνω, "grow."

60 cυνήθειc< cυνήθηc, -εc, "customary, habitual."

60 προϊέναι: see on 1.28.

61 ἐπόθει < ποθέω, "desire what is absent," "long for, miss."

62 νεολαία: "the young people."

64 εἰcῄει: 3ʳᵈ sing. impf. < εἴcειμι.

66 εὐφυοῦc: m./f. gen. sing. < εὐφυήc, -έc (a 2-termination adj.), "graceful, of good disposition, noble."

67 ἐνέcτη: intrans. aor. < ἐνίcτημι, "occur."

67 cυγκαθεcθείc: aor. part.< cυγκαθέζομαι, "sit down together."

— 35 —

71 μνηcτεύεται< μνηcτεύομαι, "canvass, petition for."

72 ἄξίοι: sc. εἰcί, impersonal expression; "they are worthy of one another."

72 ἑρμηνεύcειε < ἑρμηνεύω, "interpret, explain."

75 ἠδυνήθη: aor. pass. < δύναμαι, which together with βούλομαι and μέλλω, especially in later Attic Greek, augment with η thus appearing to be doubly augmented (S §430).

75 κατανεύcαντοc < κατανοέω, "nod assent."

76 ἑξεπήδηcε < ἐκπηδάω.

77 ἀπήεcαν: impf. < ἄπειμι.

80 νυμφαγωγοῦcαι: part. < νυμφαγωγέω, "lead the bride to the bridegroom's house."

80 ἤδετο < ἀείδω (Attic contraction ᾄδω), "sing."

81 μεcταί < μεcτόc, "full of" + gen.

81 ῥῦμαι: "neighborhoods" or "streets, lanes, alleys."

82 ἑρραίνετο < ῥαίνω, "sprinkle."

83 ἤδιον: comp. adv. < ἡδύc, plus a gen. of comparison, "more sweetly than ...."

84 ἤγαγον: "celebrated" (LSJ s.v. ἄγω IV).

84 τῆc τῶν ἐπινικίων: sc. ἡμέραc; refers to a victory celebration at one of the Panhellenic games. Here the reference is presumably to the battles between Syracuse and Athens recorded in Thucydides.

85 εἰδυῖα: fem. nom. sing. pres. act. part. < οἶδα.

85 ἔρριπτο: plupf. < ῥίπτω.

86 ἐγκεκαλυμμένη < ἐγκαλύπτομαι, "hide oneself, hide one's face."

88 διανίcταcο: 2nd sing. pres. imper. mid. < διανίcτημι, "stand up."

90 Τῆc δ' αὐτοῦ λύτο γούνατα καὶ φίλον ἦτορ: This is a common Homeric formula: literally, "of her herself the knees were loosed and (her) dear heart," or, "her very knees and dear heart gave way."

90 λύτο < ἔλυτο.

— 36 —

91 ᾔδει: plupf. (with impf. signification) < οἶδα.

91 ἄφωνος: compound adjs. usually are 2-termination (S §288).

92 κατεχύθη < καταχέω, "pour down over" (Homeric).

93 ὀλίγου δεῖν: absol. inf. (S §2012.d); lit., "to lack little," i.e., "almost, all but." These symptoms of love-sickness recall Sappho fr. 31.

93 ἐξέπνευcεν < ἐκπνέω, "breathe out, collapse."

94 ὁρῶcιν: dat. part. < ὁράω.

95 θεραπαινίδεc: "handmaidens."

95 τό πλῆθοc: sing. collective substantive, here taking a plural verb (S §950).

98 προcδραμών: aor. act. part. < προcτρέχω.

99 γνωρίcαcα < γνωρίζω, "recognize."

100 ἐπιχυθέντοc < ἐπιχέω, "pour on."

104 ἐπιcτάcηc: fem. gen. sing. aor. act. part. < ἐφίcτημι, here used in a gen. absol.

108 Πηλίῳ: Mt. Pelion in Thessaly, where Peleus married Thetis.

108 γεγονέναι < γίγνομαι. Inf. in ind. disc. (S §2016 ff.)

108 πλήν: "however" (LSJ s.v. III.2).

109 εὑρέθη < εὑρίcκω.

109 βάcκανοc: "malignant, evil."

Section 2

2 τέωc: "for a while"; contrast 1.27. Here the contrast is between what took place previously (τέωc) and what followed later (τότε).

3 ὡμονόηcαν < ὁμονοέω, "be of one mind, agree with."

4 ὑβρίcθαι: perf. pass. inf. < ὑβρίζω.

6 ἐcτρατολόγει < cτρατολογέω, "enlist."

7 Φθόνοc: Just as Love led the last counsel-meeting, so Malice leads this one.

7 ἀναcτάc: masc. nom. sing. aor. act. part. < ἀνίcτημι.

8 Ῥηγίνων: Rhegium, modern Reggio di Calabria in

Sicily.

9-10 εἰ ἔγημεν...ἂν ὠργίσθην: past contrafactual conditional sentence (S §2305 & 2309.c).

9 ἔγημεν: aor. < γαμέω.

10 ὠργίσθην < ὀργίζω.

10 ἀγῶcιν: "competitions."

11 ἕνα < εἷc, μία, ἕν; here "one man."

12 παρευδοκίμηcεν< παρευδοκιμέω, "surpass in reputation."

12-13 μηδέν: rather than οὐδέν generalizes the negation, "one who...." See S §2734.

13 ἐτάκημεν: aor. pass. < τήκω, "waste, pine away."

14 αὐλείοιc θύραιc: "the doors to the courtyard," i.e., the outer doors of a house.

14 προcαγρυπνοῦντεc < προcαγρυπνέω, "lie awake by" + dat.

15 κολακεύοντεc < κολακεύω, "flatter, sweet talk."

15 τίτθαc < τίτθη, "a nùrse."

16 τροφοῖc < τροφόc, "a feeder, rearer, nurse."

16 πόcον χρόνον: acc. of extent of time (S §1582-3).

18 ἀντεραcτάc: "rivals in love."

19 κρείττων: irregular comp. < ἀγαθόc + gen. of comparison (S §1431).

20 ἀκονιτί: "without toil, effortlessly."

21 ἤρατο: aor. < αἴρομαι, "raise for oneself, carry off, win, gain."

21 γενέcθω: 3rd sing. aor. imper. mid. < γίγνομαι.

22 ποιήcωμεν: hortatory subj. (S §1798.1).

23 ἐπήνεcαν: literally "praised"; here "approved."

24 Ἀκραγαντίνων: the inhabitants of Acragas (modern Agrigento).

28 εὐκαταφρόνητοc: "easy to despise"; here "negligible" or "trifling."

31 κτώμεθα < κτάομαι, "gain, acquire."

31 χειροτονήcατε < χειροτονέω, "stretch out the hand,

vote for, elect."
33 ἐφοπλιῶ: Attic future of ἐφοπλίζω, "equip, prepare."
34 Ζηλοτυπίαν: "Jealousy," here personified.
36 εὐcταθής: "steadfast, sound."
37 κακοήθουc < κακοήθης, -εc, "ill-disposed, malicious."
37 οἷα: here adverbial, "as."
38 ἐντραφείc: aor. pass. part. < ἐντρέφω, "grow up with."
41 ἔcτι: the "quasi-impersonal" use of εἰμί, "it is possible" (S §1985).
43 λέγοντοc αὐτοῦ: gen. absol.
44 ἐπεψηφίcαντο < ἐπιψηφίζομαι, "confirm, decree by vote."
45 ἀνδρὶ ... ἱκανῷ: dat. of association (S §1523), continuing the military metaphors of this speech. ἱκανῷ, "competent," takes as its complement the aor. infin. μηχανήcαcθαι.
46 ἤρξατο: 3ʳᵈ sing. aor. indic. mid. < ἄρχω.

Section 3
2 πεcών: aor. part. < πίπτω.
3 πάνυ: "entirely, excessively, very"modifying ὀλίγαc.
3 τοῦ ζῆν: gen. of the articular inf., qualifying ἐλπίδαc.
4 καίτοι: "although."
5 ἀπελεύcεcθαι: fut. inf. < ἀπέρχομαι, "go away, depart."
6. οὐ ... οἷόν τε ἦν: "it was not possible." οἷόc τε signifies "be able" and frequently takes a form of εἰμί (S §2497).
8 ἐπικωμάcαι: aor. inf. act. < ἐπικωμάζω, "approach with a party of revelers."
10 ἔρραναν: aor. < ῥαίνω; see on 1.83.
11 πηλόν < πηλόc, "mud." The idea is that the revelers, pouring wine on the ground, made mud.
11 δᾷδαc < δᾷc, δᾳδόc, ἡ, "a fire-brand, pine-torch."
12 ἡμικαύcτουc: "half burnt."
13 παριών: pres. part. < πάρειμι (παρά, εἶμι *ibo*), "go by,

— 39 —

pass." Translate ὁ παριών as "passerby."

13 εἱcτήκει < ἵcτημι, "stopped."

14 κοινῷ τινι πολυπραγμοcύνηc πάθει: dat. of cause (S §1517), "out of some shared sense of curiosity."

15 ῥᾷον ἐcχηκότοc < ῥᾷον ἔχω, "be better."

18 ἐνθουcιῶν: "possessed."

19 ἤραccε < ἀράccω, "strike, knock."

20 ἀνέῳξεν: aor. < ἀνοίγνυμι / ἀνοίγω, "open."

22 περιρρηξάμενοc < περιρρήγνυμι, "break off round," i.e., "ripped off his clothes," an ancient gesture of anguish.

23 πυνθανομένηc δὲ τί γέγονεν: gen. absol. πυνθάνομαι + acc., "inquire about."

23-5 οὔτε ἀπιcτεῖν ... δυνάμενοc: δυνάμενοc governs the two infinitives, each of which takes a relative clause. ἀπιcτεύω, like πιcτεύω, takes a dat. (here the relative pronoun οἷc, "that which, what").

26 μηδέν: not οὐδέν because what is being negated is thought of as inconsequential or non-existent (S §2736).

28 ὑφαίμοιc: "bloodshot."

28 παχεῖ < παχύc, "thick."

30 ἐπελάθου < ἐπιλανθάνομαι, "forget" + gen.

31 ὠνείδιcεν < ὀνειδίζω, "reproach."

31 οἷα: see on 2.37.

33 παρωξύνθη < παροξύνω, "urge, excite, provoke."

35 τυχόν: adv., "perhaps."

35 τὸ γεγαμηκέναι cε: articular inf. with subject acc. (S §1974).

36 ἀπεcτράφη: aor. pass. < ἀποcτρέφω, "turn back, turn aside."

37 cυγκαλυψαμένη: "cover one's face."

38 ἐρῶcιν: dat. pl. part. < ἐράω.

38 διαλλαγαί: sc. εἰcί.

41 κολακεύειν: see on 2.15.

— 40 —

42 ἐξέκαυσε < ἐκκαίω, "inflame."

44 ὑπελάμβανον < ὑπολαμβάνω, "understand, assume, suspect."

Section 4

1 διαπεπτωκυίας: perf. act. part. < διαπίπτω, "fall apart, fail utterly."

2 ἥπτετο < ἅπτω, "fasten, fix upon" + gen.

2 λοιπόν: adv., "for the future."

2 ἐνεργεστέρας: comp. < ἐνεργής; sc. τέχνης.

4 cτωμύλος: "mouthy, talkative, gossiping."

4 ὁμιλητικῆς: "social."

6 ἄβραν: "delicate, soft, sophisticated."

8 μόλις ... πλήν: "with (some) difficulty however."

9 ὑπηγάγετο: aor. < ὑπάγομαι, "bring under one's power."

9-10 τῷ τε λέγειν: τε is a postpositive, connective particle here linking the datives μεγάλαις δωρεαῖς and τῷ λέγειν.

10 ἀπάγξεσθαι < ἀπάγχω, "hang, choke."

11 εὐάλωτον: "easily taken."

12 προκατασκευασάμενος < προκατασκευάζω, "make ready beforehand."

13 ἐξηῦρεν: aor. < ἐξευρίσκω.

15 ἀξιόπιστον λαλῆσαι: "persuasive at talking," the inf. defining the adj. (S §2001; cf. 2.45).

18 ἀλύοντι: part. < ἀλύω, "wander, roam."

18 κἀμοί: crasis for καὶ ἐμοί.

23 ἀκούςῃ: 2nd sing. fut. < ἀκούω, middle in form but active in meaning (S §540).

24 διαφέροντα: here "carrying through, affecting."

27 ἀνακουφίσας < ἀνακουφίζω, "raise up, lighten, relieve."

27 μεστόν: see on 1.81; sc. αὐτόν, i.e., Chaireas.

28 δεομένου < δέομαι, "need, want, ask." One word gen.

absol., *sc.* Χαιρέου.

29 ὤκνει: impf. < ὀκνέω, "hesitate."

29 προεφασίζετο < προφασίζομαι, "allege, say as excuse."

31 ἐνέκειτο <ἔγκειμαι, "press upon, insist."

33 δεξιάν < δεξία, "right (hand)."

34 ὀφρῦc: acc. pl. < ὀφρύc, -ύοc, ἡ, "eyebrow."

35 μικρὸν ... τι καί: "even some little· bit," the δέ here
serving as a connective particle.

36 ἀηδῶc: "unpleasantly."

37 cκυθρωπόν: lit. "of sad countenance, sullen," here "sad,
gloomy."

39 ὑβρίζῃ: see on 2.4.

39 θρυλλεῖται < θρυλέω/θρυλλέω, "chatter, babble" and
in passive "be the common talk."

42 μοιχευομένην: part. in indirect discourse after γίνωcκε
(S §§2106, 2129).

43 ἕτοιμοc: *sc.* εἰμί.

43 ἐπ᾽ αὐτοφώρῳ: "in the act."

45-7 Ὥc φάτο ... πρόcωπον: *Iliad* 18.22-24. φάτο = ἐφάτο.
Subject is Antilochus (son of Nestor), unfortunate
messenger to Achilles of the news of Patroclus' death.

45 τόν: Homeric for τοῦτον.

45 ἄχεοc: gen. < ἄχοc, -εοc, τό, "pain, distress."

46 ἀμφοτέρῃcι: Homeric for ἀμφοτέραιc.

46 ἑλών: aor. part. < αἱρέω, "take, grasp, seize."

46 κόνιν < κόνιc, -εωc, ἡ, "dust."

46 αἰθαλόεccαν: "sooty, black."

47 χεύατο: unaugmented 3rd sing. aor. mid. indic. < χεύω,
"pour."

47 κάκ: Homeric for κατά + gen., "down from."

47 ᾔcχυνε < αἰcχύνω, "disfigure, defile."

48 ἐπὶ πολύ: adv. "for a long time."

48 ἀχανήc: "not opening the mouth."

49 ἐπᾶραι: aor. inf. < ἐπαίρω, "lift up, raise."

50 cυνελέξατο < cυλλέγω, "gather, collect."
51 δυcτυχῆ: acc. sing. < δυcτυχής, -ές.
53 δεῖξον: 2ⁿᵈ sing. aor. imper. < δείκνυμι, "show."
53 ἀνέλω: aor. subj. < ἀναιρέω, "take up, do away with, destroy."
54 φείcομαι < φείδομαι, "spare" + gen.
55 προcποίηcαι: 2ⁿᵈ sing. mid. imperat.
55 ὡc εἰc ἀγρόν: "as if to the field." ὡc introduces an object clause after προcποίηcαι (S §2013).
56 βαθείαc δὲ ἑcπέραc: gen. of time within which (S §1444).
57 ὄψει: 2ⁿᵈ sing. fut. indic. < ὁράω.
58 Cυνέθεντο: aor. mid. < cυντίθημι.
58 πέμψαc: sc. τὸν παῖδα, τὸν ἄγγελον, vel sim.
59 οὐ ... οὐδέ: a compound negative does not cancel out a preceding negative (S §2761).
59 ὑπέμεινεν < ὑπομένω, "withstand, abide," here + inf. ("stand to ...").
62 ἐπιcτάcηc: "coming on"; intrans. 2ⁿᵈ aor. part. < ἐφίcτημι.
64 ἐνέβαλεν: aor. < ἐμβάλλω, "throw in," here intrans. "rush in."
65 cτενωπόν: subst., "narrow by-way, narrow street."
65 ὑποκρινόμενοc: "playing the part, acting."
66 προαιρούμενον: "intending, undertaking."
67 λάθοι < λανθάνω.
72 εἰωθόc: n. perf. part. (in present sense) < ἔθω, "be customary."
74 ἠρέμα: adv., "gently, quietly."
74 παρανοίξαcα: aor. part. < παρανοίγνυμι, "open at the side, open a little."
74 χειρόc: sc. τοῦ ἀνδροῦ.
76 κατέcχεν: aor. < κατέχω, "hold back, check, restrain."
76 εἰcέδραμεν: aor. < εἰcτρέχω, "run in."

77 ἀναιρήcων: fut. part. expressing purpose (S §2065).
80 ἄψαca: aor. part. < ἅπτω, "fasten, cling to," also, as here, "kindle, light."
80-1 ψόφου ... γενομένου: gen. absol. expressing attendant circumstance (S §2070.e).
81-2 τοῦ ἀνδρὸc ἤcθετο ἀναπνοήν < αἰcθάνομαι + gen. of person & acc. of the sound perceived (S §1361).
84 ἐλάκτιcε: aor. < λακτίζω, "kick, trample."
85 εὐcτόχωc: adv., "well-aimed."
86 ἐνεχθεῖc: aor. pass. part. < φέρω.
86 ἐπέcχε < ἐπέχω, "restrain, check" (LSJ s.v. IV).
87 ἐρριμμένην: fem. acc. sing. perf. pass. part. < ῥίπτω.

Section 5
3 πάθουc: gen. < πάθοc, -ουc, τό, "misfortune, calamity, incident."
6 ἐῴκει: "looked like" or "resembled." Plupf. used as impf. < ἔοικα (S §444.b) + dat.
6 ἁλώcει: dat. < ἅλωcιc, -εωc, ἡ, "capture."
7 ζέων: part. < ζέω, "boil, seethe."
8 ἀποκλείcαc: part. < ἀποκλείω, "lock up, shut up."
10 ἄβραν: i.e., Callirhoe's slave.
10 καιομένων ... αὐτῶν: gen. absol. expressing cause (S §2070.b), lit. "with them being burned and cut." In antiquity it was standard practice to torture slaves in order to learn the truth.
12 ἀποθανούcηc: aor. part. < ἀποθνήcκω; sc. γυναικόc.
13 ἐπεθύμει < ἐπιθυμέω, "long, desire."
14 τοιοῦτοc οἷον: correlative pronouns (S §340); "such one as."
16 ἐκλήρουν δικαcτήριον: lit. "allotted a courtroom," i.e., "prepare for trial."
16 τῷ φονεῖ < φονεύc -εωc, ὁ, "killer."
19 ἄλλων ἄλλα: "(some shouting some things) others shouting other things," i.e., "one to another." See S §1274 on this common idiom.

— 44 —

19 κεκραγότων: perf. act. part. < κράζω, "croak, scream, cry, clamor"; here the pf. has pres. signification.

20 ἐδημοκόπουν < δημοκοπέω, "curry mob favor."

20 οἱ τῆς μνηϲτείαϲ ἀποτυχόντεϲ: "the men failing in courtship, the failed suitors." ἀποτυγχάνω governs a gen. (S §1350).

22 οἷον: see on 1.17.

23 προϲεδόκηϲε: aor. + ἄν, expressing an unreal event in past time (S §§1786, 1788); < προϲδοκέω, "expect."

24 πραχθέν: aor. pass. part. < πράϲϲω.

25 ῥηθείϲηϲ: aor. indic. pass. part.< ἐρέω, "say, proclaim, announce" in a gen. absol.

25 κατηγορίαϲ < κατηγορία, "accusation."

26 μετρηθέντοϲ: aor. pass. part. < μετρέω, "measure, measure out." Waterclocks (clepsydrae) regulated the time of speeches in trials, so "the water having been measured out for him" means "his time having been allotted."

29 τῶν πρὸϲ τὴν ἀπολογίαν δικαίων: qualifies οὐδέν.

30 τὴν διαβολήν: "slander." This and the following accusatives stand in apposition to οὐδέν.

30 ζηλοτυπίαν: see on 2.34.

31 ἀκούϲιον < ἀεκούϲιοϲ, here as in Attic oratory, "involuntary act."

31 ἐδεῖτο < δέω (B) + gen., "ask, beg."

32 καταλεύϲατε < καταλεύω, "stone to death."

32 ἀπεϲτεφάνωϲα < ἀποϲτεφανόω, "rob of the crown."

33 ἄν = ἐάν.

33 δημίῳ < δήμιος, "the public executioner."

34 ὤφειλον < ὀφείλω, "owe, be endebted; be under an obligation, be bound to do."

36 ἀπόρρητον: "unspeakable."

36 δέδρακα < δράω.

38 καταποντώϲατε < καταποντόω, "throw into the sea, drown."

— 45 —

40 ἐξερράγη < ἐκρήγνυμι, "break out, break off."

41 ἀφέντες: aor. part. < ἀφίημι, "send away."

42 ἐπένθουν < πενθέω, "bewail, lament, mourn."

42 cυνηγόρηcε < cυναγορεύω, "support, advocate."

43 τὸ cυμβάν: "what happened" (n. acc. sing. aor. act. part. < cυμβαίνω).

45 ἐφηcθήcονται < ἐφήδομαι, "exult over" + dat.

45 δυcί: late form for δυοῖν, the dat. dual < δύο.

47 αὐτῆc: biform of ἑαυτῆc (S §329).

48 τὸ περιccόν: "superfluous, futile."

49 ἀπίωμεν < ἄπειμι (ibo), "go away, depart."

51 παρολκῃ < παρολκή, "spinning out of time, delay."

51 θάψωμεν < θάπτω, "bury."

Section 6

4-5 ἄλλωc ἀδύνατον ἑαυτῷ τὴν cωτηρίαν: sc. ὄν.
Polycharmus, the bosom companion of Chaireas, wants to save Chaireas, whom he regards as an extension of himself; "otherwise safety/salvation for himself was impossible."

5 προδότα: voc. < προδότης, "betrayer, traitor."

6 θάψαι: See on 5.51.

8 ἐνταφίων < τὰ ἐντάφια (sc. ἱερά),"funerary honors"; qualifies πολυτελείαc.

9 ἐκκομιδήν: "carrying out" here "funeral procession."

10 ἔπειcεν < πείθω.

11 ἐνέβαλε: sc. αὐτῷ (Chaireas).

12 κατ' ἀξίαν: "according to value, worthily."

14 νυμφικὴν ἐcθῆτα: acc. of respect (S §1601.b); ἐcθῆτα < ἐcθήc, -ῆτοc, ἡ, "garment, raiment, dress."

14 περικειμένη: part. < περίκειμαι, "lie round, put around oneself, wear."

16 Ἀριάδνῃ: Princess of Crete who helped Theseus escape from the Minotaur's labyrinth, but was then abandoned by him on the island of Naxos during the return journey

17 προήεϲαν: impf. < πρόειμι; see on 1.28.
18 αὐτοῖϲ: idiomatic, "together with" (LSJ **s.v.** I.5).
24 ἀποκαλῶν < ἀποκαλέω, "call out, call by name."
25 μελανείμονεϲ: "clad in black."
27 φερνῆϲ < φερνή, "dowry."
29 λαφύρων < λαφύρα, τά, "spoils taken in war."
30 ἐπηκολούθηϲεν < ἐπακολουθέω, "follow close upon."
32 ϲυγκαταφλέξαι < ϲυγκαταφλέγω, "burn with."
36 Ἑρμοκράτουϲ: i.e., the family tomb.
37 περίβλεπτοϲ: "looked at from all sides, visible."
38 τοῦτον: *sc.* τάφον.
40-1 τὸ ... γεγονέναι: articular inf. < γίγνομαι, governing the part. δοκοῦν, and the subject of the verb ἐκίνηϲεν (S §2031). Translate: "What had been done (τὸ γεγονέναι) appearing (δοκοῦν) to honor the corpse...."
40 μειζόνων: comp. < μέγαϲ.

Section 7

1 Θήρων: proper name, implying connection to wild beasts (θήρα).
3 ὑφορμοῦνταϲ < ὑφορμέω, "lie secretly at anchor."
3 ὀνόματι: "nominally, officially." This dat. of manner is qualified by a gen., as at Thucydides 4.60 (ὀνόματι ἐννόμῳ ξυμμαχίαϲ). Here translate this phrase "in the name of ferrying."
3 πορθμείου: "passage-boat, ferry."
4 πειρατήριον: "a pirate's nest."
4 ϲυγκροτῶν < ϲυγκροτέω, "drill, discipline, train."
4 ἐκκομιδῇ: see on 6.9.
5 ἐπωφθάλμιϲε < ἐποφθαλμίζω, "cast longing glances at, ogle" + dat.
6 κατακλινείϲ: aor. pass. part. < κατακλίνω, "lie down, go to bed."
7 ἀλλά: inceptive use with vague and colloquial tone (D

— 47 —

s.v. ἀλλά II.8, p.21); translate "Well."

8 ληµµάτων < λῆµµα, -ατος, τό, "gain, profit."

9 ἐξόν: n. act. part. < ἔξεστι, "it is possible." Impersonal verbs use acc., rather than gen., absolute constructions (S §2076 ff.).

10 ἀνερρίφθω: 3ʳᵈ sing. aor. pass. imper. < ἀναρίπτω, "throw, toss up."

10 ἀφήcω: fut. < ἀφίηµι, "send away, dismiss."

11 cκέψαι: 2ⁿᵈ sing. aor. mid. imper.

15 ἐπεξιών < ἐπέξειµι, "go over" (LSJ s.v. III).

15 καθέκαcτον: crasis for κατὰ ἕκαστον, "each one singly, each in turn."

16 ἀργυρογνώµων: -ονος, ὁ, "one who assays silver."

16 ἀποδοκιµάcαc < ἀποδοκιµάζω, "reject."

17 ἔδοξε< δοκέω, here "think"; sc. "to be."

17 ἔωθεν: adv., "at dawn."

19 ἐνίουc µέν ... οὓc δέ: "some ...others" (cf. οἱ µέν ... οἱ δέ).

20 οἰκεῖον: "fitting, suitable."

21 φήcαc: aor. part. < φήµι, introducing indirect speech + infs. representing finite verbs in the same tense (S §1866).

22 κατόπιν: adv., "behind."

24 εἰλόµην < αἱρέοµαι, "choose, select out."

30 cυνῆκαν < cυνίηµι, "perceive, understand."

34 παραπολλύωµεν; hortatory subj. < παραπόλλυµι, "destroy," here with καιρόν, "miss the opportunity."

34-5 ἔνθεν ἑλών: "taking up from this point"; on ἑλών, see 4.46.

35 ἑωράκατε: 2ⁿᵈ sing. pf. indic. act. < ὁράω.

37 γένοιτ' ἄν < γίγνοµαι, "fall to, belong to" (LSJ s.v. II.2.a.) + gen.

37 νυκτόc: gen. of time within which (S §1444), "during the night, at night."

38 κέλητι < κέλης, -ητος, ὁ, "fast-sailing vessel, cutter."

40 ἤρεσε < ἀρέσκω, "please."

43 κατίτω: 3ʳᵈ sing. pres. imperat. act. < κάτειμι, "go down, come down."

Section 8

3 παλιγγενεcίαν: "return to life."

3-5 τινοc ἀνέcεωc ... ἐγγενομένηc: gen. absol. ἀνέcεωc < ἀνέcεωc, -ωc, ἡ, "loosening, remission." ταῖc ἀπολειφθείcαιc ἀναπνοαῖc is dat. of respect (S §1516).

6 κατὰ μέλη: "limb by limb."

8 ἐγειρομένηc: *sc.* αὐτῆc, referring to Callirhoe. Both gen. absol. and main clause have the same subject, adding emphasis (S §2072.a).

13 cυμβαλεῖν: "infer."

14 προcήψατο < προcάπτομαι (dep.), "lay hold of, touch" + gen. (S §1345).

16 ἀνεμνήcθη < ἀναμιμνήcκω, "she remembered" (middle dep.) + gen.

17 λακτίcματοc < λάκτιcμα, -ατοc, τό, "kick."

18 ἐκ τῆc ἀφωνίαc: "on account of her speechlessness" or "unconsciousness."

18 ἔρρηξεν: aor. < ῥήγνυμι. Homeric ῥήγνυμι φωνήν, "let loose the voice."

20 κεκραγυίαc < κράζω, "croak, scream, screech."

21 ἀπήλπισεν < ἀπελπίζω, "give up hope, despair of" + acc.

23 τῶν κακῶν: gen of cause used in an exclamation (S §1407).

24 κατώρυγμαι: perf. pass. < κατορύccω, "bury, inter."

26 ἄδικε: voc. < ἄδικοc.

30 τάχα: adv., here "perhaps."

Section 9

1 κἀκείνη: crasis for καὶ ἐκείνη.

2 αὐτὸ τὸ μεcονύκτιον: "precisely midnight, the absolute middle of the night."

2 ἀψοφητί: adverbial, "without noise."

— 49 —

3-4 ταῖc κώπαιc ... θαλάccηc: "fastening on to the sea with oars," i.e., "touching oars to the sea."

4 ἐπέταξε < ἐπιτάccω, "place behind, place in reserve."

5 ὑπηρεcίαν: "ship's crew."

5 τὸν τρόπον τοῦτον: acc. of manner (S §1608).

6 ἀπέcτειλεν < ἀποcτέλλω, "send away from."

6 προcίοιεν < πρόcειμι, "go toward, approach." This is a mixed condition: the protasis is that of a Future Less Vivid conditional sentence, and the apodosis is an inf. (φονεύειν) of purpose (S § 2008) standing in for the more common φονεύοιεν ἄν (S §2350).

8 cυνθήματι μηνύειν: "to make known by an arranged signal."

11-2 κώπαc ... ἐπτερωμέναc: "oars winged," i.e. oars outstretched, ready. Perf. pass. part. < πτερόω, "furnish with wings."

12 αἰφνίδιον: adj., "unforeseen, sudden."

14 προcηνέχθηcαν < προcφέρω.

15 ἀνάρρηξιν < ἀνάρρηξιc, -εωc, ἡ, "breaking up, opening."

16 ὁμοῦ: adv., "together, at once."

22 εἰκόc: sc. ἐcτί.

23 προcετέθη: aor. pass. < προcτίθημι, "add to, join."

27 προcέπεcε < προcπίπτω, "fall down before, prostrate oneself."

27 δεηθῆναι: aor. pass. inf. < δέομαι, "need, want, ask," here "supplicate."

32 εἰπών: "saying (him to be), calling (him)."

34 προβαλλόμενοc: "putting forward."

35 δείcαcα: aor. act. part. < δείδω, "fear." As with all verbs of fearing, δείδω introduces an object clause with μή, expressing the thing feared (S §2221).

36 γωνίαν: "corner."

38 ἐλέηcον: 2nd sing. aor. imperat. < ἐλεέω, "pity."

39 ἐλεηθεῖcαν: aor. pass. part. < ἐλεέω.

41 οἷα: n. pl. here used adverbially, "as, inasmuch as."
42 ἔϲτη: 2nd aor. < ἵϲτημι, "stand."
44 ἐμπόδιον: "an obstruction, an impediment."
46 ἔϲτω: "let (her) be," 3rd sing. imperat. < εἰμί.
48 τούτων δὲ πάντων: gen. of comparison. The δέ, after the connective μέν ... δέ of the preceding two clauses is an adversative particle, "but," (D s.v. δέ I.B.2, p. 166).
49 χειρόϲ: partitive gen. with λαβόμενοϲ ("having taken hold of").
51 καλόϲ ... ληϲτήϲ: sc. εἶ, "you are."
53 ἀποδοῦναι: aor. act. inf. < ἀποδίδωμι, "give back, restore."
54 μηκέτι μηδέ: The second compound negative reinforces the first (S §2761); translate "no longer even."
55 τῆϲ νεκρᾶϲ αὐτὰ τηρούϲηϲ: gen. absol., αὐτά refers back to τὰ ἔνδον.

Section 10
1 ἐνέπληϲαν < ἐμπίμπλημι, "fill X (acc.) with Y (gen.)."
3-4 βουλὴν προέθηκε: "proposed discusssion, debate" < προτίθημι, "bring forward X (acc.) to be examined and debated" (LSJ s.v. II.4).
7 ϲυϲτρατιῶται< ϲυϲτρατιώτηϲ, -ου, ὁ, "comrade."
8 ἀποβέβηκε< ἀποβαίνω, + adj. "turn out."
10 ἐᾶν: pres. inf. < ἐάω.
12 προϲωρμίϲθημεν < προϲορμίζω, "anchor at, near (a place)."
13 ἠνοίξαμεν: aor. < ἀνοίγνυμι (see on 3.20); sc. τὸν τύμβον.
16 ἡδέωϲ: adv. with ποιήϲει χάριν; translate "gladly will she do a favor."
18 ἐμπλήϲομεν < ἐμπίπλημι; see on 10.1.
19 ληψόμεθα: fut. < λαμβάνω.
24 ἆρά γε: ἆρα introduces a question, and the particle γε "adds liveliness and emphasis to the question" (D s.v. ἆρα

— 51 —

IV, p. 50).

26 οὐδέν: adv., "by no means, not at all."

27 ἠδίκηκεν: sc. Καλλιρόη.

29 προςήκουςιν: "kin" or "relatives" < προςήκω (LSJ s.v. III.3).

29-30 ἄδηλον ... ἀδύνατον: sc. ἐςτίν for each.

34 ἀφήςει: see on 7.10.

35 λυςιτελέςτερον < λυςιτελής, "profitable."

39 εἰλήφαμεν: perf. < λαμβάνω.

40 πλάςαςθαι < πλάςςω, "make up, fabricate."

41 ὦτα < οὖς, ὠτός, τό, "ear."

42 καὶ γάρ: adverbial καί with explanatory γάρ, "for even" (D s.v., p. 108).

43 λάθωμεν < λανθάνω, here absol. "escape notice" (LSJ s.v. A.5).

43 ὅτι 'δούλην' ἐροῦμεν: ὅτι can introduce a direct quotation (S §2590.a)."

52 πραθεῖςα: aor. pass. part. < πιπράςκω, "sell."

Section 11

1 Ἀναχθεῖςα < ἀνάγω, "put out to sea."

2-3 τῷ μὴ προκεῖςθαί: articular inf. (S §2033) here serving as a dat. of cause (S §1517) < πρόκειμαι, "not being proposed," or here "not being plotted."

4-5 κατὰ πρύμναν εἱςτήκει: "stood at the stern," i.e., behind the boat, helping them.

6 ἀπατᾶν: pres. inf. < ἀπατάω, "trick, beguile."

7 τὰ καθ' ἑαυτῆς: "the events against her." κατά + gen. usually bears a negative connotation (S §1690.1.c).

7 ἄλλως: adv., "differently, otherwise," i.e., otherwise than she had hoped.

8 ἐςώθη: aor. pass. < ςώζω, "save."

9 δεδοικυῖα: perf. < δείδω; see on 9.35.

9 ἀνέλωςιν: aor. subj. < ἀναιρέω, "take up, destroy, kill," the subjunctive retained for vividness.

10-11 εἰποῦςα ... θάλασσαν: "saying she cannot stand the sea,"

— 52 —

i.e., Callirhoe alleges imminent seasickness and so is able to speak the following in private. The μή marks an emphatic declaration (S §2723).

18   πόcῳ ... κρεῖττον: "(by) how much better." κρεῖττον is comparative < ἀγαθόc.

20   ἐκηδεύθη < κηδεύω, "take charge of, tend" here "pay respects to the dead, bury." Contrast usage at 1.23.

21   διεζεύχθημεν < διαζεύγνυμι, "yoke apart," i.e. "sunder."

25   καταντικρύ: prep., "straight down from, over against" + gen.

26   χηλήν: "headland" (LSJ s.v. II.2).

30   ἠξίωcαν < ἀξιόω, "consider worthy, right."

32   ὁρμίcαι < ὁρμίζω, "anchor, moor."

38   περιεργία: "curiosity, officiousness."

41   φιλόδικοc: "litigious, fond of lawsuits."

42   πεύcονται < πυνθάνομαι.

44   Ἄρειοc πάγοc: an Athenian lawcourt which met on the hill of the same name.

48   μεγάληc Ἀcίαc: modern Asia Minor, to distinguish it from the Roman province of Asia (a smaller subset of lands in the same region).

48   ἄνωθεν: adv.,"from inland, from up-country."

50   αὐτόθεν: adv.,"on the spot."

51   ἀπράγμονεc: "easy-going" or "not meddlesome" (opposite of πολυπράγμων).

53   ἐπιcιτιcμόν: "provisions."

54   εὐθύ: adv., "straight to, direct for" + gen.

54   κατήχθηcαν < κατάγω, "dock, come to land."

56   ὑποδοχήν: "harboring" (LSJ I.3), a natural harbor as opposed to a λιμήν.

Section 12

2   μονήν: "delay; a place to stay, shelter."

5   διέδραμεν: aor. < διατρέχω, "run about, hurry."

— 53 —

8-9 διὰ χειρός: i.e., in his own hands rather than using a middle-man.

9 δυcδιάθετον: "hard to settle."

10 ἀπέβαινεν: see on 10.8.

10 κτῆμα: i.e., Callirhoe.

14 παρολκήν: "a dragging out of time, delay."

24 ἤδειc: see on 1.91.

26 ῥῖψον: 2ⁿᵈ sing. aor. imperat. < ῥίπτω.

27 περιττήν: "excessive, superfluous."

29 δυcδιάθετον: "hard to settle, dispose of."

30 κεκλειcμένας < κλείω, "lock."

30 ἔδοξεν: "seemed best." The οὖν shows that this is Theron's interpretation of the dream.

30-1 τὴν ἡμέραν ἐκείνην: acc. of extent of time (S §§1580-3).

31 ἐπιcχεῖν < ἐπέχω, here used absolutely (LSJ s.v. IV.2); translate "hold back, wait."

31 οἷα: "just as."

31 ἀλύων < ἀλύω, "be distraught, be ill at ease."

32 ταραχώδηc: "troubled, confused."

33 τὴν ψυχήν: acc. of respect, denoting the part of the body affected (S §1601.a).

33 τῷ μεταξύ: "in the between (time)" or more simply "meanwhile."

35 ἡλικίᾳ: "in the prime of life."

35 καθεcτώc: perf. part. < καθίcτημι.

36 μελανειμονῶν < μελανειμονέω "wear black clothing, dress mourning garb."

37 περίεργον: "meddling, interfering." The predicate adj. is n. in generalizing expressions (S §1047).

38 ἑνόc: gen. of person asked with πυνθάνομαι.

43 τοίνυν: colloquial, "well then" (D s.v., p. 568 ff.).

44 ἤρα < ἐράω, "love, desire" + gen.

44-5 εἴχετο τῆc ὁμιλίαc: "clung to the conversation" (LSJ s.v. ἔχομαι C.2).

— 54 —

46 ἀνῆκε: aor. < ἀνίημι, "let go."
47 χώραν: metaph., "position, office."
48 διοικητήc: "administrator," or "steward."
53 ὅθεν: lit., "whence"; translate "which is why."
54 Cυβαρῖτιc: "of Sybaris" (Roman Thurii, modern Sybari), a city on the Tarentine Gulf, proverbially known for its wealth and luxury.
56 ἐπώληcεν < πωλέω, "sell; (of a person) be sold."
56 ἐπριάμην < ὠνέομαι, "buy."
57 εἴτε: introduces indirect alternative questions (S §2675).
61 ἀργυρώνητον: "bought with silver" sc. αὐτήν; obj. of ἔχειν.
61 αὐτόν: subject of ἔχειν.
65 ὠνειροπόλουν < ὀνειροπολέω, "be absorbed in dreams, dream of."
66 ξένοc: like French hôte, this signifies both "host" and "guest." Here the latter sense prevails.
67 κρινεῖ: fut. < κρίνω.

Section 13
3 ὑποδοχήν: "reception."
5-6 περὶ ... ⟨γενηcόμενον⟩: fut. part. expressing purpose (S §2065); translate "(commanded) that Theron wait for him, while he first went about the service of his master."
8 ἐλευθέριον: "belonging to a free man," here referring to the οἴκηcιν.
9 οἷα: "inasmuch as" + part. ὤν (understood).
12 ἐφιλοφρονεῖτο < φιλοφρονέομαι, "deal with affectionately, show kindness."
12 προπόcεcι< πρόποcιc -εωc, ἡ, "a drink, a toast."
12-3 τὰ μὲν ... τὸ δὲ πλέον: adv., "on the one hand ... but more."
13 ἁπλότητοc ἐνδείξει: "show of simpleness, openness."
18 cυνίcτηcιν < cυνίcτημι, "bring together, recommend."
20 περιέcτημεν < περιίcτημι, "place round, go round (so

— 55 —

as to avoid)."

27 ἔπαυλις: "quarters, lodgings."

28 ἥσθη: aor. pass. < ἥδομαι, "enjoy, take pleasure."

33 ἀπηλλάγησαν: "departed"; aor. pass. < ἀπαλλάσσω, "set free, remove."

39 καί: used with σφόδρα to add marked intensity (S s.v. καί II.C, p. 317).

41 κολακεύειν: see on 2.15.

50 ταλαιπωρεῖν < ταλαιπωρέω, "endure hardship."

50 καὶ ταῦτα: "and [the fact] that," adding a circumstance which heightens the force of what has already been said, usually with a part. as here, ναυτιῶσαν (LSJ s.v. οὗτος C.VIII.2).

52 ἐπανιών < ἐπάνειμι, "go back, return."

53 λοιπόν: adv., "then" or "finally" (LSJ s.v. 5.b).

58 ὑπελάμβανεν: see on 3.44.

59 παλιγγενεσίας: see on 8.3.

61 χάριν: here, "thanks" (LSJ s.v. I.2).

63 ἀποδοῖεν < ἀποδίδωμι; see on 9.53.

65 δυσοιώνιστον: "ill-omened"; sc. εἶναι.

Section 14

4 διανοίξας < διανοίγω, "open."

6 ἐπιστάσης: one-word gen. absol.

6 κατεπλάγησαν < καταπλήσσω, "strike down, strike with amazement."

7 ἑωρακέναι: perf. inf. < ὁράω.

10 κατόπιν: see on 7.22.

11 ἀνάστα: late form (the earlier being ἀναστῆθι) of the 2nd sing. aor. act. imperat. < ἀνίστημι.

12 γενοῦ: 2nd sing. imperat.< γίγνομαι.

20 πεπλήρωται < πληρόω, "fill."

22 καταγραφάς < καταγραφή, -ῆς, ἡ, "deed, title, papers of conveyance" (LSJ s.v. III).

24 οὐ μὲν οὖν: the οὖν emphasizes the adversative μέν (D

s.v. μὲν οὖν, pp. 470-6); translate "Oh, no, on the contrary" or something similar.

28 ⟨ἂν⟩ γενέcθαι: inf. in implied indirect discourse for opt., describing the past thought of another person (§2622).

30 ἀκκιcάμενοc < ἀκκίζομαι, "affect indifference."

32 ὀψὲ τῆc ὥραc: "late in (of) the hour."

35 Ἐπὶ τούτοιc: "on these terms."

37 τὴν ταχίcτην: sc. ὁδόν, "by the quickest way," "most quickly."

44 ἐπέcπειcε < ἐπιcπένδω, "pour over, make a libation."

45 ἠcθόμην ἂν καὶ τεθνεῶcα: past contrafactual condition with participle substituting for protasis (S §§ 2303, 2344).

.45 ἠcθόμην < αἰcθάνομαι, "perceive," here used absolutely.

46 βάcκανε: see on 1.109.

49-50 μηδὲ ... μηδέποτε: the repetition of compound negatives strengthens and reinforces the first negative (S §2761). Translate "never ... even."

50 καιρίωc: see on 1.42.

54 ἐπέcτηcαc < ἐφίcτημι, "set upon, impose."

56 πέπραμαι: perf. pass. < πιπράcκω; see on 10.52.

57 ἤχθην: aor. pass. < ἄγω.

60 οὐκ οἶδα τίcιν: "to I know not whom," a colloquialism.

64 ἀπόλωλα: perf. act. < ἀπόλλυμι.

— 57 —

DATE